もっと
野菜が
食べたいから

まずはゆでる

NHK出版

Contents

●本文の材料表のEは1人分のおよそのエネルギー、Tはおよその調理時間を示します。●本書で使用している計量カップは200ml、計量スプーンは大さじ15ml、小さじ5mlです(1ml=1cc)。●電子レンジは、各メーカーの使用説明書をお読みの上、ただしくお使いください。特に金属製の部分がある容器や非耐熱性ガラスの容器、漆器、耐熱温度が120℃未満の樹脂製容器などを使うと、故障や事故の原因になる場合がありますのでご注意ください。●本文中で表示した電子レンジの調理時間は500Wのものです。600Wの場合は0.8倍、400Wの場合は1.2倍にしてください。

「まずはゆでる！」を

アメリカの合理性に学ぶ

冷蔵庫に ゆでた野菜をストックしておくことを覚えたのは、まだ私が新米主婦だったころ。夫の赴任先であるアメリカでふたりの娘の子育てと家事に追われる中、自然と身についた知恵でした。日が暮れかかるといそいそ出かけて、その日に食べる分の買い物をし、それからコトコトと煮炊きする……。そんな日本のゆるゆるとした「その日暮らし」とはうって変わって、アメリカ人の生活ぶりはいたって合理的。食料品は週に1、2度たっぷり買い込み、平日あいた時間があれば、料理やおやつのまとめづくりに励みます。そうしておけば週末は、名実ともにお休み。心おきなくのんびりできるというわけです。

おすすめする理由《わけ》

speedy

**野菜がゆでてあるということは
いちばんめんどうな
下ごしらえが終わっているということ。
調理時間がグンとスピードアップするので
忙しい日の食事づくりが
苦になりません。**

便利なのは、完成品より未完成品

食事づくりでめんどうなのは 野菜の下ごしらえ。友人たちを見習って私が最初にトライしたのは、ボウルいっぱいのサラダづくりでした。名づけて「Salad of the week」。ポテトサラダ、コールスロー、にんじんやセロリアック（根セロリ）のマリネ。つけ合わせやサラダができていれば、あとは肉を焼くだけでもいい。われながら合理的なアイデアだと、結構気に入っていたのですが、この「今週のサラダ」、1日2日食べ続けるとだんだん飽きてしまうのです。**飽きないようにするには、**毎日味つけを変えなければ。味を変えるためには……？　そう、味つけ前の未完成品をつくっておけばいい！　野菜を切って、ゆでる。ここまでやっておくだけで、明日からじゅうぶんラクができます。ドレッシングをかけたり、チーズをのせて焼いたり、日によって違ったおかずに仕上げられる未完成品のほうが、味の決まった完成品より便利なものだと気づいたのはこのときでした。

healthy

たとえば、ラーメン。
白菜や青菜をのせるだけでも
栄養価がアップします。
ゆでた野菜はかさが減る分、生野菜に比べて
たくさん食べられるというメリットも
見のがせません。

新しいスタイルの保存食

野菜はとりあえずゆでておく。これが習慣になると、便利だという以外にもいろいろなメリットがあることがわかりました。生で食べるよりたっぷり野菜がとれる、毎日のおかずが短時間でつくれる、冷蔵庫がすっきり・ムダが出ない……などなど。そして、もしかするとこれは新しいスタイルの「保存食」と呼べるのではないかしらと思うようになったのです。日本人にとって「保存食」とは。伝統的には、長もちするように味つけを濃くしたり、塩をたっぷり使ってつくったもの。現代は、といえば、市販の食品は合成保存料の入った「保存食」だらけ。どちらも体によいものとはあまりいえません。私は、「まずはゆでる!」というこのスタイルを、ファミリーだけではなく、一人暮らしの方や年輩のご夫婦にもぜひ、おすすめしたいのです。野菜を食べたいけれど、買っても余ってしまう。そういう方こそ、「まずは、ゆでて」みてください。野菜をゆでただけ。味つけも保存料もなし。それでも冷蔵庫できちんと保存すれば、3～4日はじゅうぶんもちます。そのまま食べてもおいしく、手を加えるのも自由。こんなに健康的で便利な保存食はない!　と、実感してもらえるはずです。

葉野菜も根菜も
おいしいときが安いとき。
たっぷり買ってもすぐにゆでれば、コンパクトに
すっきりしまっておけます。
扱いやすいから、使う気になる。
食べる気になる。

compact

「まずはゆでる」!

5のポイン

ト

POINT 1

ゆでるなら まるまる1個 1パック

ゆでると決めたら、全部ゆでる。「もしかして生で食べるかもしれないし……」という程度の気持ちで半分とっておくのは、あまり得策ではありません。火を通せば、思っているよりかさは減ってしまうもの。中途半端な量だと結局、使いみちが少なくなってしまうのです。「今日ばかりは絶対、せん切りキャベツがなくてはならない」、「明日必ず大根おろしを食べます」と固く決意しているとき以外は、いさぎよく全部ゆでてしまいましょう。ストックはたくさんあってこそ便利なものと心得て。

POINT 2

ゆで加減は「堅め」が鉄則

堅めにゆでておかないと、どんどん色が悪くなります。あとで炒めたり煮込んだりしたら、さらにぐったり。味けもありません。慣れないうちは難しいかもしれませんが、コリッと歯ごたえが残るぐらいの堅さにゆで上げましょう。根菜は、竹ぐしが「スーッと」ではなく「やっと」通るぐらい。青菜やキャベツなどの葉野菜はグラグラと沸いた熱湯に、少量ずつ、サッとくぐらせるのがコツです。1～2組ゆでて湯の温度が下がったら、必ず再び沸騰するまで待ってから、次の分量を入れること。

POINT 3

冷たくなるまでしっかり冷ます

葉野菜は、ゆで上げたあとも余熱でどんどん火が通るので、引き上げたものからすぐ冷水にとりましょう。湯にくぐらせては水にとる。2、3回分ボウルにたまって水がぬるくなってきたらざっと流し、新しい水に替える。ちょっと忙しいですが、これをくり返してしっかり冷まします。根菜は水につける必要はありませんが、完全に熱を取るのは同じ。冷たくならないうちに容器に入れてしまうと、早く傷む原因になるので注意してください。

POINT 4

水けをきって保存する

せっかく堅めにゆでて冷ました野菜も、水っぽくなってしまっては台なし。熱と同様、水分も、野菜の傷みを誘います。ブロッコリやキャベツは数回ふって水けをきり、青菜はギュッと絞ってから保存すること。それでも、保存している間に少しずつ水分が出てくるので、容器の底に紙タオルを敷いておくとよいでしょう。すのこつきの容器を使うのもおすすめです。ときどき紙タオルを替えたり、すのこの下にたまった水を捨ててケアすれば、どんな野菜も3～5日ぐらいはおいしく食べられます。

POINT 5

葉野菜＆根菜 2種類をストック

まずは青菜でもじゃがいもでも、好きな野菜、ふだんよく食べる野菜から試してみて。「まずはゆでる！」システムが自分の生活のリズムに合っている。「まずはゆでる！」ことで毎日の生活がラクになった。そう感じられたら今度はぜひ、2種類の野菜をストックしておく習慣を身につけてください。葉野菜と根菜を1種類ずつ。これを上手に組み合わせれば、献立のバリエーションがさらに広がりますし、栄養バランスも格段によくなると思います。

「まずは
ゆでる!」が
断然
おいしい
この10

キャベツ

じゃがいも

青菜

ごぼう

れんこん

の野菜

かぼちゃ

白菜

大根

里芋

ブロッコリ

キャベツ

chapter 1

ゆでておくメリットの
すべてを
実感できます。

ゆで時間 30秒

chapter 1

まずは、ゆでる。

まさにキャベツのための言葉といっていいかもしれません。みずみずしい丸ごとキャベツの山に後ろ髪を引かれながらも、冷蔵庫でかさばったり、使い切れずにしなびていくところを想像すると半割りのキャベツを買わざるをえない、という人も多いことでしょう。今日からは、迷わず丸ごと買ってきてください。とんかつにせん切りキャベツをつけ合わせるならその分だけを残し、あとは全部ゆでてしまいます。芯をくりぬいて外葉からどんどんはがし、3〜4枚ずつ組み合わせた山をせっせとつくって。鍋にお湯をたっぷり沸かして塩を入れ、一山ずつ沈めてはひっくり返し、まだ張りのあるうちに冷水に取る。この間、たったの数十秒。水をきって容器に詰めれば驚くほどコンパクトになってしまいます。ゆでてしまったら、煮物やあえものにしか使えない？　いいえ、炒め物にもできますよ。ゆでたキャベツは炒めた時余分な油を吸わないし、焦げる心配もありません。まずは、キャベツからゆでてみてください。ゆでておくメリットのすべてを、実感できると思います。

キャベツをゆでる

芯をくりぬいて葉をはがす。外側半分までは3枚ずつ、あとは中心に近づくほど枚数を増やし（最大6〜7枚ずつ）、組み合わせておく。

小さじに山盛り1杯の塩を加えた熱湯で、1組ずつゆでる。外葉で約30秒間。中心に近い組ほど時間を短くする。芯のわきにつめを入れ、「やっとささる」堅さが目安。

すぐ冷水に取り、3〜4組分たまったら水を替えて完全に冷ます。

数枚ずつ重ね、しっかりふって水けをきり、下向きに並べておく。すのこつきの容器か紙タオルを敷いた容器に詰めて保存する。3〜4日間はもつ。

ミニロールキャベツ

ゆでる一手間がないだけで
ロールキャベツもこんなに手軽。
あっさりスープでキャベツの甘さを
堪能してください。

材料（4人分）

ゆでたキャベツ		6〜7枚
たまねぎ		1/6コ
鶏ひき肉		100g
パン粉		カップ1/2
牛乳		カップ1/4
卵		1/2コ
A	固形スープの素	1コ
	薄口しょうゆ	小さじ1
	みりん	小さじ1
かたくり粉		大さじ1
パセリ（みじん切り）		適宜
●酒・塩・こしょう		
E110kcal　T20分		

つくり方

1. キャベツは芯を切り取って半分に切り、たまねぎはみじん切りにする。パン粉は牛乳でふやかしておく。かたくり粉は倍量の水で溶く。

2. ボウルにひき肉、卵、**1**のたまねぎとパン粉、酒小さじ1、塩・こしょう各適宜を入れて手でよく混ぜ合わせ、12〜14等分する。

3. キャベツに**2**をのせて巻き、巻き終わりを下にして鍋にすき間なく並べる。水をヒタヒタに注ぎ、**A**を加えて強火にかける。

4. 沸騰したらアクを取って弱火にし、ふたをして約15分間煮たら、煮汁に**1**の水溶きかたくり粉を加え、とろみをつける。器に盛り、パセリを散らす。

ドレッシングやあえ衣しだいで、ゆでたキャベツがまったく違った表情に。
何種類かつくって常備しておけば、野菜を使った
サイドディッシュのバリエーションがグンと広がります。

キャベツと油揚げのからしじょうゆあえ

ゆでたキャベツ&パリパリの油揚げが絶妙の歯ごたえ。

材料（4人分）	
ゆでたキャベツ	3枚
油揚げ	1・1/2枚
からしじょうゆ	全量
E60kcal	T5分

つくり方

1. キャベツは芯を切り取って3～4等分に切り、2cm幅のザク切りにする。芯は薄くそぎ切りにする。油揚げは焼き網かフライパンで両面をサッと焼き、横半分、1.5cm幅に切る。

2. ボウルにからしじょうゆをつくり、キャベツと油揚げを加えてあえる。

からしじょうゆのつくり方

練りがらし	小さじ1/2～1/2強
白みそ	小さじ1
砂糖	小さじ1/2
しょうゆ	大さじ1
だし（または水）	大さじ3

ボウルに練りがらしと白みそをよく混ぜ合わせ、残りの材料も順に加えながら混ぜる。
キャベツのほか、ほうれんそう、菜の花などの葉野菜に。

キャベツとスモークサーモンのサラダ

ディルの甘い香りはスモークサーモンにぴったり。

材料（4人分）	
ゆでたキャベツ	4枚
スモークサーモン	8枚（80～100g）
トマト	1コ
ディル	適宜
ディルドレッシング	適宜
E150kcal	T5分

つくり方

1. キャベツは芯を切り取って3～4等分に切り、5mm幅に刻む。芯は薄くそぎ切りにする。トマトはヘタを取って薄切りにする。

2. ディルドレッシングをつくる。

3. 器にキャベツ、トマト、スモークサーモンを盛り合わせて**2**を適宜かけ、ディルをちぎって添える。

ディルドレッシングのつくり方

ディル	2～3本
マスタード	大さじ1
塩	小さじ1/4
こしょう	少々
サラダ油	カップ1/3
酢	大さじ1～1・1/2

ボウルにマスタード、塩、こしょうを入れて泡立て器で混ぜ合わせ、サラダ油を細くたらしながらしっかりと混ぜる。クリーム状になったら酢を少しずつ加え、細かく刻んだディルを混ぜ合わせて風味をつける。

キャベツと帆立てのなめたけソース

びん詰めのなめたけはなるべく薄味のものを選びましょう。

材料（4人分）	
ゆでたキャベツ	3枚
帆立て貝柱（刺身用）	6～8コ
しょうが	1かけ
貝割れ菜	適宜
なめたけソース	適宜
●サラダ油	
E120kcal　T5分	

なめたけソースのつくり方

なめたけ		
（びん詰め）	1本（正味200g）	
酢	大さじ5	
サラダ油	大さじ2	

熱湯消毒した保存容器になめたけを移し、酢、サラダ油を加えて混ぜ合わせる。冷蔵庫で約1週間保存可能。

つくり方

1. キャベツは芯を切り取って、一口大のザク切りにする。しょうがはせん切り、貝割れ菜はザク切りにする。

2. なめたけソースをつくる。

3. フライパンにサラダ油少々を熱し、帆立て貝柱をサッと焼いて半分に切り、キャベツとともに器に盛る。なめたけソースをかけ、しょうがと貝割れ菜をあしらう。

キャベツのかにかま巻き

酢の物の素材をキャベツで巻けば、切り口も美しい和風オードブルに。

材料（4人分）	
ゆでたキャベツ	6枚
（外葉	3枚）
（内側の葉	3枚）
かに風味かまぼこ	6本
しょうがの甘酢漬け	50g
カットわかめ（乾）	10g
甘酢	適宜
E70kcal　T7分	

甘酢のつくり方

だし	大さじ3
酢	大さじ2
砂糖	大さじ1・1/2
塩	小さじ1/4

ボウルに砂糖と塩を入れてだし、酢を加え、砂糖が溶けるまでよく混ぜる。きのこ、白菜、きゅうりとわかめなどの酢の物に使える。

つくり方

1. キャベツは芯を切り取る。しょうがの甘酢漬けは汁けを絞ってせん切りにする。わかめはぬるま湯で戻し、水けをきっておく。

2. 巻きすの上にキャベツの外葉を1枚広げ、切り取った部分を隠すように内側の葉を1枚のせる。手前から5cmほどあけたところにわかめの1/3量を横長にのせ、しょうがの1/3量を重ね、かにかまを2本並べる。キャベツの両端は内側に折り込むので、4～5cmずつあけておくこと。

3. 手前から具に覆いかぶせて一度きつくしめ、両端をしっかりと折り込む。あとはクルクルと巻いて最後にもう一度ギュッとしめる。残りも同様に巻いて6等分に切り、器に盛って甘酢を添える。

キャベツとベーコンのパスタ

ベーコンのかわりにアンチョビでもおいしい。

材料（4人分）	
ゆでたキャベツ	3〜4枚
スパゲッティ	320g
ベーコン	6枚
にんにく	2かけ
●オリーブ油・塩・こしょう	
E430kcal　T12分	

つくり方

1. キャベツは芯を切り取って食べやすい大きさに切る。にんにくはみじん切りにする。

2. ベーコンは1cm幅に切り、油をひかないフライパンで炒め、いったん取り出しておく。

3. 鍋にたっぷりの湯を沸かして塩大さじ1を加え、スパゲッティをゆでる。

4. **2**のフライパンにオリーブ油大さじ1とにんにくを入れ、弱火で炒める。香りがたったら火を強め、キャベツとベーコンを入れてサッと炒める。

5. スパゲッティがゆで上がる直前に、ゆで汁を玉じゃくし1杯分取って**4**に加える。わずかに芯が残る程度にゆで上げてフライパンに加え、手早くからめて塩・こしょうで味を調える。

意外に思われるかもしれませんが、ゆでたキャベツは炒め物にも重宝します。
かさばらないので混ぜやすく、焦げにくく、一度つくれば
納得の使いやすさ。

回鍋肉（ホイコーロー）

いったん火を通してあるので、サッと油を回すだけ。

材料（4人分）		
ゆでたキャベツ		3〜4枚
豚薄切り肉（肩ロース）		200g
ピーマン（赤・緑）		各1コ
ねぎ		1/2本
赤とうがらし		1本
にんにく（みじん切り）		1かけ分
しょうが（みじん切り）		1かけ分
A	八丁みそ	大さじ2
	砂糖	大さじ1・1/2
	しょうゆ	大さじ1
	水	大さじ2
●サラダ油・酒		
E220kcal　T7分		

つくり方

1. キャベツは芯を切り取って3cm幅に切る。ピーマンは大きめの乱切り、ねぎは1cm幅の斜め切り、赤とうがらしは種を除いて小口切りにする。豚肉は一口大に切る。

2. ボウルに**A**の材料を混ぜ合わせておく。

3. よく熱した中華鍋にサラダ油大さじ1・1/2をなじませ、赤とうがらし、にんにく、しょうがを炒める。香りがたったら豚肉を加え、酒少々をふって炒める。

4. ピーマン、ねぎ、キャベツを順に加えてサッと炒め、油が回ったら**2**を加え、全体にからめる。

キャベツとがんもどきの煮物

味のしみたがんもどきと、
あっさりキャベツの組み合わせ。
先にがんもどきだけ煮ておいて、
仕上げにキャベツを加えます。

材料（4人分）

ゆでたキャベツ	3枚
がんもどき	3コ（150g）
だし	カップ2・1/2
●砂糖・しょうゆ・みりん	
E140kcal　T20分	

つくり方

1. キャベツはザク切りにする。がんもどきは半分に切る。

2. 鍋にだし、砂糖大さじ3を入れて中火にかけ、煮立ったらがんもどきを加え、ふたをして約5分間煮る。

3. ふたを取ってしょうゆ大さじ2、みりん大さじ1を加え、12〜13分間煮て味を含ませる。

4. キャベツを加え、煮汁が少なくなったら器に盛る。

chapter 2

じゃがいも

角がなくならない
程度に
ゆで上げるのが
コツ。

ゆで時間 10~12分

chapter 2

じゃがいもは、心強い味方。

和・洋・中、何にでも使え、料理にボリュームを出してくれます。足もとのかごや段ボール箱にころがしておいても丈夫で長もち。でも我が家では、じゃがいもの指定席は冷蔵庫と決まっています。じゃがいもは、煮物にしたり、カレーやシチューに入れたりと火を通して使うもの。生のまま食べることはほとんどありませんので、一袋買ってきたら全部、皮をむいて食べやすく切り、堅めにゆでて冷蔵庫にしまっておくのです。あとで煮込んだり温めたりしますので、角がなくなるほどゆでてはいけません。春・秋のじゃがいもなら、お湯が沸騰してからだいたい10分から12分。「だいたい」といったのは、季節によっても種類によっても肉質がだいぶ違うからです。この本で使ったのは、使い勝手のよい男爵と春先の新じゃが。北海道のじゃがいもの最盛期は9月から10月といいますが、これより前に出回るものは比較的堅く、寒い時期ほど柔らかくなるので、時期に応じてゆで時間を調節してください。通年手に入るじゃがいもも、ゆで上がる具合で季節の移り変わりが感じられますよ。

じゃがいもをゆでる

皮をむいて1コを8等分に切り、水にさらす。水がにごってきたら途中で1、2度取り替える。新じゃがのときは皮つきのままよく洗えばよい。

鍋に入れ、たっぷりかぶる水を加え、ゆでる。沸騰したら弱めの中火にし、静かにおどるぐらいの加減で10～12分間(冬は8分前後)。新じゃがなら10～15分間。竹ぐしがやっと刺さるぐらいが目安。

ざるに上げて完全に冷まし、水けをきって容器に入れる。じゃがいもの角がしっかり残る堅さなら、4～5日間はじゅうぶんもつ。

材料（4人分）

ゆでたじゃがいも		300g
牛薄切り肉		200g
たまねぎ		1コ
A	砂糖	大さじ2
	しょうゆ	大さじ2
●サラダ油・酒		
E220kcal　T10分		

つくり方

1.牛肉は一口大に切る。たまねぎは一口大のザク切りにする。

2.鍋にサラダ油少々を熱して牛肉を炒め、色が変わったらたまねぎを加えて炒める。たまねぎが透き通ってきたら、**A**を加えてからめ、水・酒各カップ1/2を注ぐ。

3.沸騰したらアクを取り、じゃがいもを加え、汁けがなくなるまで6〜7分間煮る。

肉じゃが

じゃがいもがこんなにホクホクで
味がしみているのに煮くずれなし。
煮汁もにごらず、
上品な仕上がりです。

ゆでておいたじゃがいもをサッと温めて一手間加え、
シンプルなおいしさのボリュームおかずに。じゃがいもにはやっぱり、
ベーコンやソーセージがよく合います。

ポテトパンケーキ

カリカリベーコンを添えて、朝ご飯にどうぞ。

材料（4人分）

ゆでたじゃがいも	250g
ベーコン	8枚
パセリ（みじん切り）	適宜
●かたくり粉・バター（またはサラダ油）・塩・こしょう	
E180kcal　T6分	

つくり方

1.ベーコンは油をひかないフライパンでカリカリになるまで焼く。
2.じゃがいもは耐熱性の器に入れてラップフィルムをかけ、電子レンジに30秒間かける。手のひらで押して粗くつぶし、かたくり粉小さじ1/2をふって全体にまぶす。
3.2のじゃがいもを8〜12等分し、手でギュッとにぎって小判形にまとめる。バター大さじ1を熱したフライパンに並べ、フライ返しで押さえてしっかり焼き色をつける。
4.裏返してバター大さじ1をたし、反対側も同様に焼く。塩・こしょう各少々をふり、ベーコンとともに器に盛ってパセリを散らす。

ポテトとソーセージの温サラダ

同じ湯で温めるところが手軽さの秘けつ。

材料（4人分）

ゆでたじゃがいも	350g
フランクフルトソーセージ	3本
たまねぎ	1/8コ
マスタードドレッシング	全量●
E260kcal　T10分	

マスタードドレッシングのつくり方

粒マスタード	大さじ1
ワインビネガー	大さじ1
サラダ油	大さじ3
塩・こしょう	各少々

ボウルに粒マスタードとワインビネガー、塩・こしょうを混ぜ合わせ、サラダ油を少しずつ加えてよく混ぜる。

つくり方

1.マスタードドレッシングをつくる。
2.たまねぎはみじん切りにし、辛みが気になるようならいったん水にさらして水けをよくきる。
3.鍋に湯を沸かしてじゃがいもをサッとくぐらせ、温かくなったら引き上げて水けをきる。同じ湯でソーセージをゆで、7〜8mm幅の斜め切りにする。
4.ボウルに**2**と**3**のじゃがいもを入れ、じゃがいもを手で軽くつぶしながら混ぜる。温かいうちにドレッシングであえ、ソーセージを混ぜて器に盛る。

ポテトグラタン

ホワイトソースは電子レンジでつくれば失敗なし。
小麦粉がダマになることもありません。

材料（4人分）	
ゆでたじゃがいも	350g
たまねぎ	1/2コ
コンビーフ	100g
レンジホワイトソース	全量
E340kcal　T45分	

つくり方

1.たまねぎは薄切りにして耐熱性の皿に広げ、ラップフィルムをかけて電子レンジに3分間かける。

2.レンジホワイトソースをつくる。

3.グラタン皿にじゃがいもを重ならないように並べ入れ、たまねぎ、ちぎったコンビーフをバランスよく散らす。ホワイトソースをたっぷりとかけ、230℃のオーブンで30～35分間焼く。

レンジホワイトソースのつくり方

バター	50g
薄力粉	40g
牛乳	カップ2・1/2
固形スープの素（チキン）	1コ
塩・こしょう	各少々

耐熱性のボウルに材料を順に加えて電子レンジにかけ、泡立て器でよく混ぜる。これを4回くり返すだけ。

1.バター（ラップフィルムをかけて）……………… 1分間

2.薄力粉（以下、ラップフィルムなし）……………… 1分間

3.砕いた固形スープの素と牛乳……………… 3分間

4.塩・こしょうで味を調えて……………… 1分30秒

冷めてから密閉容器に移して冷蔵庫に入れておけば、3～4日間は保存できる。

スペイン風オムレツ

たまねぎはいったん電子レンジにかけておくと甘みが引き出され、
炒める時間も短縮できます。

材料（4人分）	
ゆでたじゃがいも	300g
たまねぎ	1/2コ
卵	4コ
●サラダ油・塩・こしょう・トマトケチャップ	
E190kcal　T10分	

つくり方

1.じゃがいもは5mm厚さに切る。たまねぎは横半分に切って薄切りにし、耐熱性の皿に広げてラップフィルムをかけ、電子レンジに3分間かける。

2.フライパンにサラダ油少々を熱してたまねぎをサッと炒め、じゃがいもを加えて混ぜ合わせる。油がなじんだら、塩・こしょう各少々をふり、いったん取り出して粗熱を取る。

3.ボウルに卵を割りほぐして**2**を加え、塩少々をふって混ぜる。

4.2のフライパンにサラダ油少々をたして熱し、**3**を流し入れ、箸で手早く混ぜながら半熟状になるまで火を通す。下の面が焼けてきたら、箸で縁のほうを中央に寄せながら一周し、皿をかぶせてひっくり返す。

5.卵を皿からフライパンにすべらせ、下の面もしっかりと焼く。取り出して切り分け、好みでトマトケチャップをかける。

新じゃがのカナッペ

ゆでたじゃがいもとサワークリームはベストマッチ。

材料（4人分）

ゆでた新じゃが	12コ
たらこ	小1/2腹（約25g）
サワークリーム・牛乳	各適宜
チャイブ（またはあさつき）	適宜
●酒	
E110kcal　T5分	

つくり方

1. 新じゃがは上下を薄く切り落として平らにする。チャイブはみじん切りにする。

2. たらこは薄皮を取って器に入れ、堅くてぼそぼそするようなら酒少々を加えて柔らかくほぐす。サワークリームも牛乳か水を少々加えてクリーム状にゆるめておく。

3. 新じゃがの上にサワークリームとたらこをのせ、チャイブをあしらって器に並べる。

洗っただけで皮ごと・丸ごと使える新じゃがは、
ゆでておくのも簡単。
形がかわいらしく、食べやすいのも魅力です。
普通のじゃがいもとはまた違った食感を
楽しんでみてください。

甘辛じゃがいも

初めにバターでカリッと焼くのがポイント。

材料（4人分）

ゆでた新じゃが		1袋分（約12コ）
バター		20g
A	しょうゆ・砂糖	各大さじ3
A	みりん	大さじ1
E150kcal　T5分		

つくり方

1. 新じゃがは半分に切る。フライパンにバターを入れて中火で溶かし、新じゃがを入れ、軽く焼き色がつくまで転がしながら焼く。

2. Aの調味料を加え、新じゃがにからめながら照りよく煮詰める。

コロッケ

たまには家でつくってみたい。
でもめんどうくさい……。
「ゆでたじゃがいも」が解決してくれますよ。

材料（4人分）

ゆでたじゃがいも		500g
豚ひき肉		100g
たまねぎ		大1/2コ
A	砂糖	小さじ1
	塩	小さじ1/4
	スキムミルク（あれば）	小さじ2
溶き卵		1コ分
薄力粉・パン粉		各適宜
キャベツ（せん切り）・パセリ		各適宜
●塩・こしょう・サラダ油・揚げ油		

E420kcal　T15分

つくり方

1. たまねぎはみじん切りにし、サラダ油少々を熱したフライパンで炒める。透き通ってきたらひき肉を加え、パラリとするまで炒め、塩・こしょう各少々をふる。

2. じゃがいもをつぶし、**A**を混ぜる。**1**を加えてサッと混ぜ、8等分してラグビーボール状に形づくる。

3. **2**に薄力粉、溶き卵、パン粉を順につけ、170〜180℃に熱した揚げ油で揚げる。キャベツのせん切りとともに器に盛り、素揚げしたパセリを添える。

忙しい朝の

ゆでた野菜は画期的な保存食。
手を抜きがちな
朝食やランチをこんなに
充実させてくれます。

トースト1枚に、サッとソテーをのせて

**朝はとにかく時間がないから、
トースト1枚食べられればいい……。
それで昼はコンビニ、夜は外食、という生活では
野菜を補給するチャンスがないですね。
ゆでた野菜なら、ソテーするぐらいはあっという間。
トーストを焼く間にも、フライパンで
チャチャッと炒められます。**

栄養が

ゆで野菜活用法

ゆで野菜サラダを毎日のランチに

ゆでた野菜はおべんとうのおかずづくりに
役立つことはいうまでもありませんが、
今日のランチはコンビニのおべんとうや
おにぎりですませようというときも、
ゆでた野菜とドレッシングを
容器に詰めて持って行くといいですよ。
市販のサラダより
ずっと健康的で経済的。

ギュッと詰まった1杯のおみそ汁

沸かしただしにゆでた野菜を入れて温め、
みそを溶かし入れるだけ。
インスタントなみの手軽さで
具だくさんのおみそ汁がつくれます。
食欲のない朝でも、これなら素直に
おなかに入りそうでしょう？

小松菜・15秒

ゆで時間

ほうれんそう・10秒

ゆで時間

菜の花・25秒

ゆで時間

チンゲンサイ・10秒

ゆで時間

青菜

chapter 3

緑の葉野菜は
切らさずストックして
おきたい。

chapter 3

青菜をゆでる

冷蔵庫に

切らさずストックしておきたいゆで野菜のナンバーワンは、青菜。春は菜の花、冬なら小松菜、ほうれんそう。チンゲンサイは、1年を通して状態が安定している使いやすい野菜です。ゆでる時間はあっという間なのだから、そのつど使う分だけゆでればいい……。そう思われるかもしれませんが、生のまま冷蔵庫にとっておいても、みるみるしなびて根元が黒くなったり、葉っぱが黄色くなったり。ゆでる時間はあっという間なのだからこそ、一度に全部ゆでておいたほうがいいのです。野菜が足りない、彩りがパッとしない、と困ったときは青菜の出番。おみそ汁に入れたり、あえものにしたり、ソテーしてお皿の脇に添えたり、と大活躍です。火を通すと驚くほどかさが減るので、ストックして使うなら、1ワといわず2ワ分ぐらい一度にゆでても多すぎることはありません。ゆですぎない、しっかり冷ます、水けをよくきる。どの野菜にも共通のルールですが、青菜の場合はとくに注意深く、かつスピーディーに作業して。このルールをきちんと守れば、まる3日間は鮮やかな緑色が保てるはずです。

鍋に湯をたっぷり沸かし、色どめの塩(小さじ山盛り1)を加える。1ワ分を一度に入れると湯温が下がってしまうので、3〜4回に分けて少量ずつゆでる。

ゆで時間は、菜の花は25秒間、小松菜は15〜20秒間、ほうれんそうとチンゲンサイは10〜15秒間。すぐ冷水に取り、2〜3回水を取り替えて完全に冷ます。

根元から葉先に向かってしっかりと絞り、切らずに長いまま容器に入れる。少しずつ水分が出てくるので、必ず下にすのこか紙タオルを敷いておくこと。

菜の花の
からしじょうゆあえ

菜の花のほろ苦さは春の味。
白みそ入りのからしじょうゆが
旬のおいしさを
引き立てます。

材料（4人分）

ゆでた菜の花　1ワ分
からしじょうゆ（P18参照）全量
E30kcal　T3分

つくり方

1.P18を参照して、からしじょうゆをつくる。
2.菜の花は長さを半分に切り、**1**に加えてあえる。

身近な材料でできるあえ衣やドレッシングは、たくさん覚えておきましょう。
つくりやすい分量で多めにつくり、余ったら明日は違う野菜をあえて。
季節の青菜のあえものやサラダは、
毎日出されてもうれしいものです。

菜の花とうどの酢みそあえ

春においしい食材は酢みそあえで楽しんで。

材料（4人分）

ゆでた菜の花	1ワ分
うど	8cm
酢みそ	適宜
●酢	
E90kcal	T6分

酢みそのつくり方

みそ（中辛）	150g
酒	大さじ4
みりん	小さじ4
砂糖	大さじ5
酢	大さじ4

鍋に酒とみりんを入れて火にかける。アルコールがとんだらみそと砂糖を加え、弱火にかけながら3～4分間練り混ぜる。粗熱が取れたら酢を加えて混ぜ合わせる。
余った分は冷蔵庫で保存。1週間はもつので、菜の花のほかにも春キャベツやわかめ、山菜、あおやぎなど、春のあえものに活躍させて。

つくり方

1. 菜の花は長さを半分に切る。うどは4cm長さに切って厚めに皮をむき、縦半分に切る。端から薄切りにし、酢水にさらす。
2. 酢みそをつくる。
3. ボウルに菜の花とうどを入れ、酢みそ大さじ5を加えてあえる。器に盛り、酢みそ適宜をかける。

菜の花と刺身の酢の物

青菜やキャベツ、何にでもよく合う万能合わせ酢で。

材料（4人分）

ゆでた菜の花	1ワ分
白身魚の刺身	
（ひらめ、鯛など）	80g
塩昆布	3枚
万能合わせ酢	全量
E40kcal	T3分

万能合わせ酢のつくり方

だし	カップ1/2
酢	大さじ2
薄口しょうゆ	小さじ2
砂糖	小さじ1/4

ボウルにすべての材料を入れ、砂糖が溶けるまでよく混ぜ合わせる。だし入りの加減酢なので、酸味はおだやか。青菜やキャベツを酢の物にするにはこのぐらいやさしい味の合わせ酢が合う。

つくり方

1. 菜の花は長さを半分に切る。刺身は薄切りなら半分に、さくなら小さめのそぎ切りにする。塩昆布は細切りにする。
2. ボウルに万能合わせ酢をつくり、菜の花、刺身、塩昆布の2/3量を入れてあえる。器に盛り、残りの塩昆布を散らす。

菜の花の白あえ

衣であえても、トロリとかけてもきれいです。

材料（4人分）

ゆでた菜の花	1ワ分
白あえ衣	適宜
E110kcal	T7分

白あえ衣のつくり方

	木綿豆腐	1丁（約330g）
A	すりごま（白）	大さじ4
A	練りごま（白）	大さじ3
A	砂糖	大さじ3
A	塩	小さじ1/4
	だし（または水）	少々

木綿豆腐は厚手の紙タオルで二重に包んで水けを吸わせる。紙タオルを替えてもう一度包み直し、ざっと水きりができたら手でくずしながらフードプロセッサーに入れ、**A**を加え、なめらかになるまでかくはんする。使うときはだし（または水）を少々加えて、柔らかくのばすとよい。
豆腐の水けを完全にきらないのでふんわり。そのかわりあまり日もちはしないので、1～2日で食べきって。

つくり方

1. 菜の花は長さを半分に切って器に盛る。
2. 白あえ衣をつくり、菜の花の上に適宜かける。

チンゲンサイのピリ辛サラダ

干しえびとザーサイを加えて中華風のあえものに。

材料（4人分）

ゆでたチンゲンサイ	2株分
ピリ辛ドレッシング	適宜
E25kcal	T6分

ピリ辛ドレッシングのつくり方

	干しえび	20g
	ザーサイ（びん詰め）	大さじ2
	ねぎ	15cm
A	酢	大さじ6
A	しょうゆ	大さじ2
A	砂糖	大さじ1・1/2
A	ラー油	適宜

干しえびはヒタヒタのぬるま湯に5～6分間つけて戻し、みじん切りにする。ザーサイ、ねぎもみじん切りに。ボウルに**A**を混ぜ合わせ、干しえび、ザーサイ、ねぎを加える。しばらくおくと具が沈んでしまうので、野菜にかける直前に、もう一度よく混ぜる。

つくり方

1. チンゲンサイは3～4cm長さに切って器に盛る。
2. ピリ辛ドレッシングをつくり、**1**に適宜かける。

ほうれんそうのごまあえ

すりごまに練りごまも加えた、コクのあるあえ衣。

材料（4人分）

ゆでたほうれんそう	250g
ごまあえ衣	全量

E150kcal　T3分

ごまあえ衣のつくり方

すりごま（黒）	40g
練りごま（黒）	大さじ2
砂糖	大さじ3
しょうゆ	大さじ2
だし（または水）	大さじ2

すり鉢いらずの簡単なごまあえ衣。練りごまに砂糖としょうゆを加えてよく混ぜ合わせる。砂糖が溶けたらだしか水でゆるめ、最後にすりごまを。練りごまが青菜によくからむので、コクがあってつやつやのごまあえに。

つくり方

1. ほうれんそうは3～4cm長さに切り、水けを軽く絞る。
2. ボウルにあえ衣をつくり、ほうれんそうをあえる。

ほうれんそうのおひたし

文字どおり、しばらく「ひたし」ておくのが大事。

材料（4人分）

ゆでたほうれんそう	250g
だしじょうゆ	全量
削り節	適宜

E20kcal　T8分

だしじょうゆのつくり方

だし	カップ3/5
しょうゆ	大さじ1
みりん	小さじ1/2

ボウルに材料を混ぜ合わせるだけ。青菜をひたすときには、だしじょうゆが薄まらないよう、水けを軽く絞ってから加えて。ただし、あまり堅く絞ってしまうと、青菜自体のおいしさも失われてしまうので、ゆでたものを保存している間にじわっと出てくる水けを除く程度に。

つくり方

1. ほうれんそうは3～4cm長さに切り、水けを軽く絞る。
2. ボウルにだしじょうゆをつくり、ほうれんそうをあえてしばらくなじませる。
3. 器に盛って、ボウルに残っただしじょうゆをかけ、削り節を天盛りにする。

小松菜のせ中華風冷ややっこ

冷たい豆腐も、時にはこんなアレンジで。

材料（4人分）

ゆでた小松菜	120g
豆腐	1丁
ちりめんじゃこ	40g
XO醤ドレッシング	適宜

●サラダ油

E90kcal　T4分

XO醤ドレッシングのつくり方

XO醤		小さじ1
A	みそ	大さじ1
	しょうゆ	大さじ1
	砂糖	小さじ1
	ごま油	小さじ1
水		大さじ3

XO醤とは、干しえびなどの乾物ととうがらし、ごま油など、中華風のうまみが凝縮した複合調味料。帆立ての大きいものが入っている場合は取り出して細かく刻んでおいて。あとは**A**を加え、水で溶きのばすだけ。

つくり方

1. 小松菜は3cm長さに切って水けを軽く絞る。
2. XO醤ドレッシングをつくる。
3. フライパンにサラダ油少々を熱し、ちりめんじゃこをカリカリになるまで炒める。
4. 豆腐に小松菜をのせて**3**を天盛りにし、**2**をかける。

小松菜とささ身のわさびじょうゆあえ

ささ身は霜ふりで食べるので、ぜひ新鮮なものを。

材料（4人分）

ゆでた小松菜	120g
鶏ささ身	2本
わさびじょうゆ	全量

E30kcal　T3分

わさびじょうゆのつくり方

しょうゆ	大さじ2
だし	大さじ2
練りわさび	少々

練りわさびをボウルに入れ、しょうゆとだしを加えてよく溶き混ぜる。わさびはチューブの練りわさびでも、粉わさびを溶いたものでも、もちろん生わさびをすりおろして使っても。どれを使うかによって辛さは違うので、分量は好みで調節を。

つくり方

1. 小松菜は3cm長さに切って水けを軽く絞る。
2. ささ身は筋を取って熱湯で20～30秒間ゆで、氷水に取る。冷めたら水けをふき、一口大のそぎ切りにする。
3. ボウルにわさびじょうゆをつくり、**1**と**2**をあえる。

小松菜の煮びたし

しょうゆを使わず、
淡い色に仕上げた
上品な煮びたし。できればぜひ、
かつおや煮干しでとった
自家製のだしを使ってください。

材料（4人分）

ゆでた小松菜		200g
油揚げ		1・1/2枚
A	だし	カップ2
	砂糖	大さじ1弱
	塩	小さじ1/4

E60kcal　T5分

つくり方

1. 小松菜は3cm長さに切る。油揚げは横半分に切り、1.5cm幅に切る。

2. 鍋に**A**を入れて火にかけ、煮立ったら油揚げを加え、3〜4分間煮る。味がしみたら小松菜を加え、さらに1〜2分間煮る。

小松菜のじゃこ炒め

加える調味料はしょうゆだけ。
ちりめんじゃこからほどよく塩けと
だしが出るのです。

材料（4人分）

ゆでた小松菜	120g
ちりめんじゃこ	30g
●サラダ油・しょうゆ	

E35kcal　T5分

つくり方

1. 小松菜は3cm長さに切る。ちりめんじゃこはざるに広げて熱湯を回しかけ、水けをきっておく。

2. フライパンにサラダ油少々を熱し、ちりめんじゃこをサッと炒める。小松菜を加えて一混ぜし、しょうゆ大さじ1を回しかけ、強火にして汁けがとぶまで火を通す。

菜の花とあさりのガーリックソテー

菜の花を加えたあとは、くれぐれも火を通しすぎないこと。
堅めにゆでたパスタをあえても
おいしいですよ。

材料（4人分）	
ゆでた菜の花	1ワ分
あさり（殻つき）	250g
にんにく	1かけ
●塩・オリーブ油・バター・酒・こしょう	
E60kcal　T6分*	

*あさりを砂抜きする時間は除く。

つくり方

1.あさりは海水程度の塩水につけて砂抜きしておく。

2.菜の花は長さを半分に切る。にんにくはみじん切りにする。

3.フライパンにあさりを入れて酒大さじ3をふり、ふたをして強火にかける。貝の口が開いたら中火にしてにんにくを加え、混ぜながら少し汁けをとばす。

4.3にオリーブ油大さじ1とバター大さじ1/2を加えて一混ぜし、菜の花を加えてこしょうをふる。フライパンをあおるようにして強火で炒め、器に盛る。

ほうれんそうの簡単キッシュ

パイ皮を敷かない「皮なしキッシュ」。
大きなスプーンでざっくりすくって
取り分けましょう。

材料（29cm×18cmのだ円形、または直径24cmのグラタン皿1台分）	
ゆでたほうれんそう	100g
チーズ（溶けるタイプ）*	100g
ベーコン	3枚
たまねぎ	1/2コ
卵	2コ
卵黄	2コ分
生クリーム	カップ1
牛乳	大さじ5
ナツメグ（あれば）	少々
●塩・こしょう・バター	
E300kcal（1/6コ分）	T45分

*ピザ用チーズなどシュレッドタイプのものが便利。塊のものは粗く刻むかすりおろす。

つくり方

1. ほうれんそうは3～4cm長さ、ベーコンは3cm長さに切る。

2. たまねぎは薄切りにして耐熱性の皿に敷き詰め、**1**のベーコンをのせ、ラップフィルムをかけて電子レンジに7分間かける。

3. ボウルに卵と卵黄を入れてよくほぐし、生クリーム、牛乳を混ぜ合わせる。塩小さじ1/3、こしょう少々で味を調え、あればナツメグ少々で香りをつける。

4. グラタン皿にバターを薄く塗り、**2**のたまねぎを広げる。チーズ、ほうれんそう、ベーコンをのせて**3**を流し入れ、170℃のオーブンで約35分間焼く。

ほうれんそうのおじや

ほうれんそうの緑が映える、
真っ白なおじや。
切りもちが溶けそうで溶けない
煮え加減がベストです。

材料（2人分）	
ゆでたほうれんそう	50g
ご飯	茶碗2杯分
切りもち	60g
●塩	
E330kcal　T8分	

つくり方

1. ほうれんそうは2〜3cm長さ、切りもちは1cm角に切る。
2. 鍋に水カップ2を入れて火にかけ、沸騰したらご飯を加える。煮立ったら弱火にし、時々混ぜながら3〜4分間煮る。
3. 切りもちを加え、塩で味を調える。ほうれんそうを加えて一煮立ちしたら火を止め、切りもちが溶けないうちに器に盛る。

ほうれんそうの酢じょうゆあえ

もみのりのほか、しらすや削り節を
組み合わせても。

材料（4人分）	
ゆでたほうれんそう	250g
もみのり	適宜
酢じょうゆ	全量
E25kcal　T3分	

酢じょうゆのつくり方

A	酢	大さじ2
	しょうゆ	大さじ2
	砂糖	一つまみ

ボウルに酢としょうゆを混ぜ合わせ、砂糖を加えて味を調える。たった一つまみの砂糖だけれど、とがった酸味と辛みをやわらげ、風味に奥行きを出す役割が。

つくり方

1. ほうれんそうは3〜4cm長さに切り、水けを軽く絞る。
2. ボウルに酢じょうゆをつくり、ほうれんそうをあえる。器に盛って、ボウルに残った酢じょうゆをかけ、もみのりを散らす。

チンゲンサイのかにあんかけ

あんかけ技でチンゲンサイがごちそうに。

材料（4人分）

ゆでたチンゲンサイ　2株分
かに（冷凍、または水煮缶）*　正味100g
しょうが　1かけ
鶏ガラスープの素（顆粒）　小さじ1
●かたくり粉・砂糖・こしょう・塩・サラダ油
*水煮の場合は水けを軽く絞る。
E50kcal　T8分

つくり方

1. しょうがは薄切りにし、7～8mm角に切る。かには身をざっとほぐす。かたくり粉大さじ1を同量の水で溶いておく。

2. 鍋にサラダ油少々を熱してしょうがを炒め、香りがたったらかにを加えてサッと炒める。水カップ1・1/2を注ぎ、一煮立ちしたら鶏ガラスープの素を加える。砂糖・こしょう・塩各少々で味を調え、**1**の水溶きかたくり粉を加えてとろみをつける。

3. フライパンにサラダ油少々を熱し、チンゲンサイをサッと炒める。半分に折りたたんで器に並べ、**2**を上にかける。

チンゲンサイはゆでてもシャッキリ。炒め物やスープにしても、その歯ごたえが楽しめます。とろみつきのあんや濃いめのソースがよく合う、あっさりした持ち味。やっぱり原産国の味、中国料理にするのがいちばん向いているようです。

チンゲンサイのかきたま汁

シンプルだけど栄養たっぷり。すぐできるので朝ご飯にも。

材料（4人分）

ゆでたチンゲンサイ　1株分
卵　1コ
鶏ガラスープの素（顆粒）　小さじ1
●塩・こしょう・砂糖・かたくり粉
E30kcal　T5分

つくり方

1. チンゲンサイは3～4cm長さに切る。かたくり粉大さじ1を倍量の水で溶いておく。

2. 鍋に水カップ3を入れて火にかけ、沸騰したら鶏ガラスープの素を加える。塩小さじ1/3、こしょう・砂糖各少々で味を調え、**1**の水溶きかたくり粉を加えてとろみをつける。

3. チンゲンサイを加え、沸騰したら火を止める。溶きほぐした卵を細く回し入れ、一呼吸おいてざっと混ぜ、器に盛る。

チンゲンサイといかのオイスターソース炒め

調味料は先に合わせておいて、
手早く味をからませます。

材料（4人分）

ゆでたチンゲンサイ		2株分
ロールいか		100g
にんにく		1かけ
A	オイスターソース	大さじ4
	しょうゆ	小さじ1
●サラダ油・かたくり粉・ごま油		
E120kcal　T10分		

つくり方

1.いかは縦に細く切り目を入れ、斜めに向きを変えて1cm幅のそぎ切りにする。チンゲンサイは3〜4cm長さに切る。にんにくはみじん切りにする。

2.Aをボウルに混ぜ合わせる。

3.かたくり粉小さじ1を倍量の水で溶いておく。

4.中華鍋かフライパンにサラダ油大さじ1・1/2を熱し、にんにくを炒める。香りがたったらいかを加えて炒め、表面が白くなったらチンゲンサイを加えてサッと火を通す。

5.2を回し入れてからめ、**3**の水溶きかたくり粉を加えてとろみをつける。ごま油大さじ1を回しかけ、一混ぜして器に盛る。

ごぼう

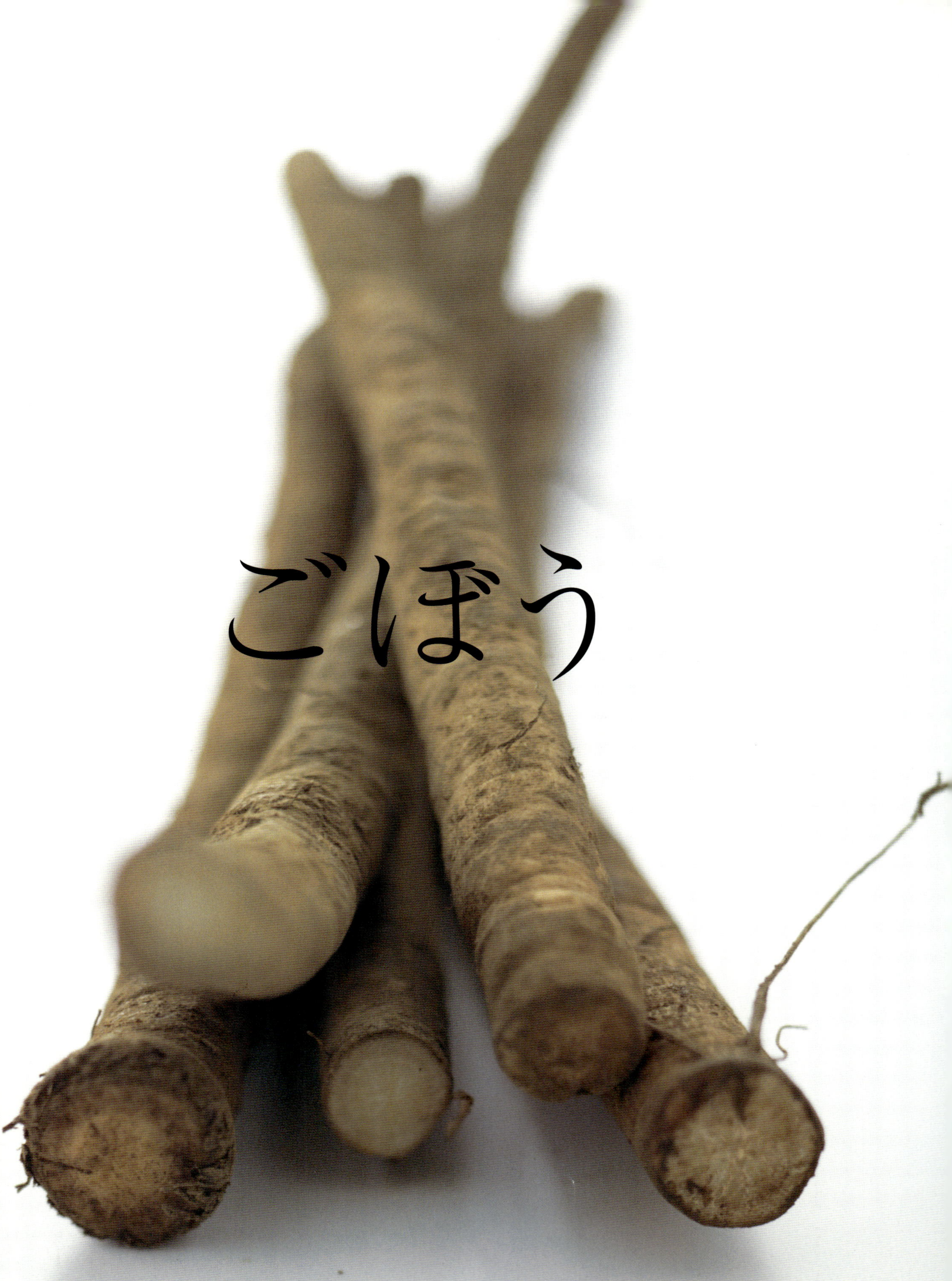

電子レンジで4分

食べごたえのある
大ざっぱなささがきにして。

chapter 4

chapter 4

体内をきれいにしてくれる繊維質が豊富なごぼう。たっぷり食べたいのはやまやまですが、体によいという野菜に限って、下ごしらえに手間がかかるような気がします。それでも私が、できあいのきんぴらや刻みごぼうのパックを買わずに家でせっせとささがきにするのは、このごぼうが、手間に見合う以上のはたらきをしてくれるから。といっても私のささがきはなんとも大ざっぱなものですから、1本切るのにそれほど時間はかかりません。縦に数本切り込みを入れたごぼうを回しながら、太くて大きいえんぴつを削るように、包丁でそいでいくのです。「まずはゆでる!」も鍋いらず。上から水をパッパッとふり、電子レンジにかけるだけ。厳密にいえばゆで野菜ではありませんので、「レンジごぼう」とでも呼びましょう。このレンジごぼう、そのままでもほんのり甘くておいしいので、薄味の煮汁で煮たり、マヨネーズでサッとあえるだけでもじゅうぶん。ひき肉や薄切り肉と合わせて歯ざわりを楽しむのもよし、甘辛く煮つけるのもよし。食べごたえのある大ざっぱなささがきだからこそ、こんなに使い回しがきくのです。

ごぼうをゆでる

ごぼうはたわしでこすり洗いして泥を落とし、包丁の背で皮をこそげる。包丁の刃先で、縦に5〜6本切り目をつける。

ごぼうを回しながら大きめのささがきにし、切ったそばから水を張ったボウルに放す。切り終わったら2回ほど水を替え、アクを抜く。

耐熱性の皿に1本分のごぼうを広げて水大さじ3をふり、ラップフィルムをかけて電子レンジに4〜5分間かける。

ラップフィルムをあけて粗熱を取り、出てきた汁ごと密閉容器に入れて保存する。汁もおいしいので、調理する際に少しずつ加えるとよい。5〜6日間もつ。

材料（4人分）

レンジごぼう		1本分（約150g）
にんじん		2/3本（60〜70g）
赤とうがらし		1本
A	だし	カップ1/2
	しょうゆ	大さじ1･1/2
	砂糖	大さじ1
	みりん	大さじ1
いりごま（白）		適宜
●ごま油		
E80kcal　T10分		

つくり方

1.にんじんはごぼうと同じ大きさのささがきにする。赤とうがらしは種を取って小口切りにする。

2.鍋にごま油小さじ2を熱し、ごぼうとにんじんをサッと炒める。油がなじんだら、赤とうがらしと**A**を加え、汁けがなくなるまで混ぜながら火を通す。

3.ごま油小さじ1を回しかけ、いりごまをふってざっと混ぜる。

きんぴらごぼう

すでにごぼうがささがきになっている、
というだけでも、きんぴらづくりが
ぐっとラクに感じられますよ。

ごぼうと昆布、さつま揚げの煮物

だしに加えるのは大さじ1杯の砂糖としょうゆだけ。
昆布からもさつま揚げからもいい味が出て、
ごぼうにしみ込みます。

材料（4人分）

	レンジごぼう	1本分（約150g）
	すき昆布	15g
	さつま揚げ	100g
A	だし	カップ1
A	砂糖	大さじ1
A	しょうゆ	大さじ1
	●サラダ油	

E90kcal　T12分

つくり方

1. すき昆布はサッと洗って水につけ、2〜3分間塩抜きして水けをきる。さつま揚げは5mm幅に切る。

2. 鍋にサラダ油小さじ2を熱して昆布を炒め、ごぼうを加えてさらに炒める。全体に油が回ったら、**A**を加えて煮る。

3. 煮汁が半分ぐらいになったらさつま揚げを加え、4〜5分間煮る。煮汁が少し残る程度で火から下ろし、器に盛る。

ごぼうと牛肉のサッと煮

薄味の煮汁で軽く火を通し、
ごぼうの甘みと牛肉のうまみを
ストレートに味わって。

材料（4人分）

レンジごぼう		100g
牛薄切り肉（しゃぶしゃぶ用など）		200g
A	だし	カップ2
	みりん	大さじ2
	薄口しょうゆ	大さじ1・1/2
	塩	小さじ1/4強
木の芽		少々
E160kcal　T10分		

つくり方

1.牛肉は食べやすい大きさに切る。
2.鍋に**A**を入れて火にかける。煮立ったら牛肉を1枚ずつくぐらせ、サッと火を通して引き上げる。
3.鍋のアクをすくい取り、ごぼうを入れて一煮立ちさせる。牛肉を戻し入れて温め、器に盛って、たたいた木の芽をあしらう。

ごぼうの落とし焼き

ごぼう入りのタネを手ですくい
落として焼くから「落とし焼き」。
和風味のミニハンバーグです。

材料（4人分）

レンジごぼう		80〜100g
鶏ひき肉		250g
木綿豆腐		1/2丁（約150g）
A	酒	小さじ2
	砂糖	小さじ1
	しょうがの絞り汁	小さじ1
	塩	小さじ1/4
練りがらし		適宜
●サラダ油・しょうゆ		
E170kcal　T10分		

つくり方

1.豆腐は紙タオルで二重に包んで水を吸わせる。
2.ボウルにひき肉と**A**を入れ、手でよく練り混ぜる。粘りが出たら、豆腐を手でくずしながら混ぜ合わせ、ごぼうを加えて一混ぜする。
3.サラダ油少々を熱したフライパンに、**2**のタネを12等分して手ですくい落とし、1cm厚さに整えて両面を焼く。器に盛り、からしじょうゆを添える。

鶏ごぼうのそぼろ煮

刻んだごぼうが加わると、サクサクした歯ごたえの鶏そぼろに。
甘辛い味が白いご飯にぴったり。

材料（4人分）

レンジごぼう		100g
鶏ひき肉		200g
しょうが		1かけ
A	酒	カップ1/2
	しょうゆ	大さじ3
	砂糖	大さじ1/2〜1
さやいんげん		適宜
●塩		
E110kcal　T10分		

つくり方

1.ごぼうは粗みじん切り、しょうがはみじん切りにする。さやいんげんは塩ゆでして冷水にとり、斜め切りにする。

2.鍋にひき肉と**A**を入れ、菜ばし4〜5本でよくほぐしてから火にかける。パラパラになるようにたえず混ぜながら火を通し、沸騰したらアクをすくい取る。

3.しょうがとごぼうを加えてサッと混ぜ、煮汁がなくなるまで煮詰める。器に盛るか、ご飯の上にのせ、さやいんげんをあしらう。

ごぼうサラダ

マヨネーズ味だけど和風なサラダ。レンジごぼうをだしと調味料にひたして下味をつけています。

材料（4人分）

レンジごぼう		200g
A	だし	カップ1/4
	酢	大さじ2
	砂糖	大さじ1
	塩	二つまみ
マヨネーズ		大さじ5
七味とうがらし		少々
E140cal　T7分		

つくり方

1.鍋に**A**を入れて火にかけ、沸騰したら火を止めてごぼうを混ぜ合わせる。粗熱がとれるまでしばらくおいて、味をなじませる。

2.ごぼうの汁けを絞ってボウルに移し、マヨネーズと七味とうがらしを加えてあえる。

材料（4人分）

レンジごぼう		120g
うなぎのかば焼き		2くし
卵		6コ
A	だし	カップ3/4
	しょうゆ	大さじ4・1/2
	砂糖	大さじ1・1/2
ご飯		どんぶり4杯分
みつば・粉ざんしょう各適宜		
●みりん		
E600kcal　T15分		

つくり方

1.うなぎは2cm幅に切る。みつばはザク切りにする。卵は溶きほぐしておく。

2.鍋にみりん大さじ5を入れて火にかけ、アルコールをとばす。**A**を加え、砂糖が溶けたら火を止める。

3.小さめのフライパンか鍋に**2**とごぼうを1/4量ずつ入れて一煮立ちさせ、うなぎの1/4量を並べ入れる。

4.どんぶりにご飯をよそい、**3**のつゆを少々かけておく。**3**のフライパンに溶き卵の1/4量を2度に分けて回しかけ、みつばをのせ、ふたをしてサッと火を通す。

5.卵が半熟状になったらすぐ火から下ろし、ご飯にのせ、好みで粉ざんしょうをふる。残りも同様につくる。

ごぼうとうなぎの卵とじ丼

甘辛い味で煮たごぼうとうなぎを卵でとじた、
柳川風の丼。小さなフライパンで
1人分ずつつくってください。

キャベツや青菜、白菜などは、
水けを絞ってから入れても水分がにじみ出てくるもの。
すのこが1枚敷いてあれば、野菜が水につかることもなく
新鮮さが保てます。
13cm×27cm×7cm、各500円／東急ハンズ渋谷店
☎03-5489-5111

水はけのよいすのこつき容器は、葉野菜専用に

ゆでた野菜は

ゆでた野菜はきちっとふたのしまる
密閉容器に入れて保存。
冷蔵庫に重ねてストックすることを考えて、
同じ種類のものをいくつかそろえておくと
よいでしょう。

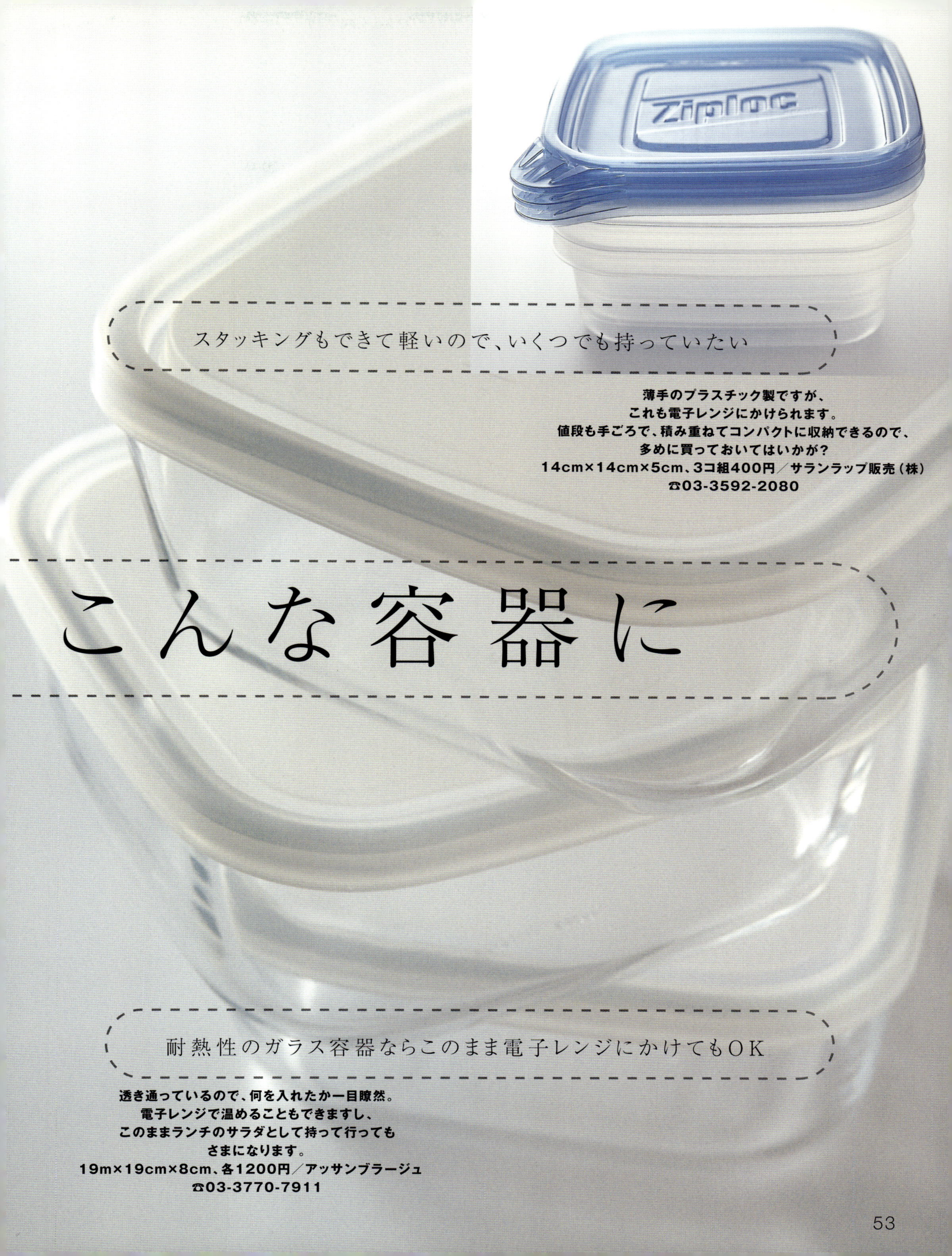

スタッキングもできて軽いので、いくつでも持っていたい

薄手のプラスチック製ですが、
これも電子レンジにかけられます。
値段も手ごろで、積み重ねてコンパクトに収納できるので、
多めに買っておいてはいかが？
14cm×14cm×5cm、3コ組400円／サランラップ販売（株）
☎03-3592-2080

こんな容器に

耐熱性のガラス容器ならこのまま電子レンジにかけてもOK

透き通っているので、何を入れたか一目瞭然。
電子レンジで温めることもできますし、
このままランチのサラダとして持って行っても
さまになります。
19m×19cm×8cm、各1200円／アッサンブラージュ
☎03-3770-7911

れんこん

ゆで時間 5分

chapter 5

ゆでることで意外な持ち味を発見できる。

chapter 5

れんこんをゆでる

私のれんこんストック法には、2種類のやり方があります。一つは、厚めに切って5分間ほどゆでるという方法。れんこんが真っ白に仕上がるよう、アク抜きの酢を加えた熱湯でゆでます。シャキシャキした繊維はそのままなのですが、ゆでることによって肉質が少しほっくりソフトになって、そのあと焼いたり炒めたりしても、生から調理するのとはまた違った味わいが生まれます。こうすると火が通りやすく味がしみやすいので料理が短時間にでき上がるというだけでなく、生のままおくより色が変わりにくくなるのもうれしいところ。れんこんはゆでたあと水分がにじみ出てくることもないので、保存にもそれほど気を遣うことはありません。もう一つは、半割りか四つ割りにしてから薄切りにし、水と酢を加えて電子レンジにかけるという方法。このときは、レンジから出したらすぐに水けをきって甘酢につけ、"酢ばす"にして保存するのです。メインのおかずに活用するなら、まず厚切りをゆでるほうから試してみて。さっぱり・シャキシャキだけでない、れんこんの意外な持ち味を発見できると思います。

れんこんはピーラーで皮をむいて1cm厚さの輪切りにする。切ったそばから水を張ったボウルに放し、途中2～3回水を取り替える。

鍋に湯を沸かしてれんこんを入れ、1節分につき酢大さじ1～2を加え、5分間ゆでる。

ざるに上げ、冷水につけずにそのまま冷ます。熱が完全にとれたら容器に入れて保存する。3～5日間もつ。

れんこんのはさみ焼き

生のれんこんでつくるのとはまた
違ったおいしさ。少しほっくりとした、
やさしい歯ざわりです。

材料（4人分）		
ゆでたれんこん		12枚
えび（殻つき）		150g
細ねぎ		1本
A	卵白	大さじ1
	塩	小さじ1/4弱
	酒	小さじ1/2
マヨネーズ		大さじ2・1/2
青じその葉		4枚
レモン		適宜
●塩・小麦粉・サラダ油		
E140kcal　T10分		

つくり方

1.えびは殻と背ワタを取り、粗みじん切りにして包丁で細かくたたく。細ねぎは小口切りにする。

2.ボウルに**1**を入れて**A**を加え、手でよく混ぜる。粘りが出てきたらマヨネーズを加え、さらによく混ぜる。

3.れんこんの断面を上にして並べ、茶こしを通して小麦粉をふる。半量に**2**のタネを等分に塗り、残りのれんこんをかぶせ、軽く押さえてなじませる。

4.フライパンにサラダ油少々を熱して**3**を並べ入れ、両面にしっかり焼き色がつくまで焼く。半分に切って器に盛り、青じその葉、くし形切りのレモン、塩を添える。

れんこんの煮物

きんぴらよりもあっさり、いくらでも食べられる味。サラダ油がほどよい照りとコクを出します。

材料（4人分）

ゆでたれんこん		1·1/2節分(330g)
A	だし	カップ1
	しょうゆ	大さじ2
	砂糖	大さじ1·1/2
	サラダ油	小さじ1

E80kcal　T12分

つくり方

1.れんこんは、大きなものは半分に切る。

2.鍋に**A**を合わせて火にかける。煮立ったられんこんを加え、中火で約10分間、汁けがなくなるまで煮る。

れんこんと豚肉の中華風炒め

豚肉とれんこんは厚みをそろえてごろごろに切ります。
甘くて辛くて酸っぱい
中華風のタレをからめて
つやつやに。

材料（4人分）

ゆでたれんこん		1節分(220g)
豚ヒレ肉		300g
にんにく		1かけ
紹興酒（または酒）		カップ1/4
A	赤とうがらし（小口切り）	1/2本分
	しょうゆ	大さじ2
	砂糖・酢・オイスターソース	各大さじ1

●塩・こしょう・小麦粉・サラダ油・ごま油

E240kcal　T12分

つくり方

1.れんこんは4等分に切る。豚肉は一口大に切って塩・こしょうを全体にふり、小麦粉をまぶす。にんにくは包丁の腹でつぶす。

2.中華鍋かフライパンにサラダ油大さじ1・1/2とにんにくを入れて熱し、香りがたったら豚肉を焼く。全体に焼き色がついたらいったん取り出しておく。

3.同じ中華鍋にサラダ油少々を加え、れんこんを炒める。焼き色がついたら**2**の肉を戻し入れ、紹興酒をふってあおるように炒める。

4.Aと水カップ1/2を加え、汁けをからめながら炒め煮する。汁けがなくなったら鍋肌からごま油小さじ2を回し入れ、ざっと混ぜて器に盛る。

材料（4人分）	
ゆでたれんこん	50g
豚ひき肉	250g
たまねぎ	1/2コ
卵	1/2コ
パン粉・牛乳	各カップ1/2
サンチュまたはレタス	2〜3枚
●塩・こしょう・サラダ油・しょうゆ	
E200kcal　T10分	

つくり方

1. れんこんは粗いみじん切りにする。

2. たまねぎはみじん切りにして耐熱性の皿に広げ、ラップフィルムをかけて電子レンジに3分間かけ、粗熱を取る。パン粉は牛乳をかけて湿らせておく。

3. ボウルにひき肉、卵、**2**のたまねぎとパン粉を入れて塩小さじ1/2、こしょう少々をふり、手でよく混ぜ合わせる。粘りが出てきたられんこんを加えて混ぜ、12等分して小判形にする。

4. フライパンにサラダ油少々を熱して**3**を並べ入れ、両面をしっかりと焼く。サンチュで巻き、好みでしょうゆをつけて食べる。

れんこんバーグ

軽くてサクサク、れんこん入りの
ミニハンバーグ。一つずつ、サンチュやレタスで
くるんで食べて。

"酢ばす"の マヨネーズサラダ

ほんのり甘くてさっぱり。和風のおかずにもぴったり。

材料(つくりやすい分量)

酢ばす	1節分(220g)
マヨネーズ	大さじ4〜5
一味とうがらし	少々
E500kcal(全量)	T2分

つくり方

"酢ばす"の汁けをきってマヨネーズであえ、一味とうがらしをふって混ぜ合わせる。

"酢ばす"の かつお節あえ

かつおふりかけのしょうゆ味がほどよくからみます。

材料(つくりやすい分量)

酢ばす	1節分(220g)
かつおふりかけ	
(P97参照)	適宜
E190kcal(全量)	T2分

つくり方

"酢ばす"の汁けをきり、かつおふりかけをふってあえる。

[もう一つの保存法]

甘酢につける

これがシンプルな"酢ばす"。
保存するときは、ヒタヒタの甘酢につけておきます。

1.れんこんは皮をむいて縦二つまたは四つに切り、小口から薄切りに。色が変わらないようすぐ水に放し、途中2〜3回水を替える。
2.水けをきって耐熱性の器に入れ、ヒタヒタの水と酢大さじ1を加える。ラップフィルムか耐熱性の平皿でふたをして、電子レンジに5分間かける。
3.水けをきって甘酢につけ、つけ汁ごと容器に入れる。冷蔵庫で4〜5日間保存可能。

甘酢	
だし	大さじ3
酢	大さじ2
砂糖	大さじ1
塩	小さじ1/4

薄切りにして電子レンジにかけたれんこんは、甘酢につけて保存します。そのまま"酢ばす"として。ちらしずしやおいなりさんのすし飯に混ぜて。あるいはもう一味プラスしてあえものやサラダに、と食べ方はいろいろ。甘酢はれんこん1節(約250g)に対し、上記の配合を目安につくってください。"酢ばす"には、少し細めのれんこんが向いていると思います。

ちらしずし

"酢ばす"が主役、シンプルでヘルシーなちらしずし。

材料（4人分）

	酢ばす	1/2節分（110g）
	かんぴょう（乾）	20g
	油揚げ	2枚
	にんじん	50g
A	だし	カップ1・1/2
	砂糖	大さじ2
B	薄口しょうゆ	大さじ2
	しょうゆ	大さじ1/2
	みりん	大さじ1
	塩	二つまみ
	卵	3コ
	米	カップ3
C	米酢	70ml
	砂糖	大さじ2
	塩	小さじ1
	しょうがの甘酢漬け	適宜

●塩・砂糖・みりん・サラダ油・薄口しょうゆ・しょうゆ

E650kcal　T30分*

*米を洗って炊く時間は除く。

つくり方

1. かんぴょうはサッと水につけて柔らかくし、塩少々をこすりつけてもみ込む。塩を洗い流して絞り、1cm長さに切る。油揚げは横半分に切ってから7〜8mm幅に切り、熱湯を回しかける。にんじんは3cm長さのせん切りにする。

2. 鍋に**A**を入れて煮立たせ、**1**のかんぴょうと油揚げを加える。2〜3分間煮たら**B**の調味料を加え、ふたを半分かぶせて煮る。煮汁が半分ぐらいになったらにんじんを加え、かんぴょうが柔らかくなるまで煮る。

3. 錦糸卵をつくる。卵を溶きほぐして砂糖・みりん各小さじ1、塩一つまみを加えて混ぜ、万能こし器でこす。サラダ油少々を熱したフライパンに薄く流して薄焼き卵を数枚つくり、粗熱が取れたら細切りにする。

4. すし飯をつくる。米は洗って堅めに炊き、盤台かボウルに移す。**C**を混ぜ合わせてすし酢をつくり、ご飯が熱いうちに回しかける。しゃもじで切るように混ぜ、時々底から大きく混ぜる。

5. すし飯の粗熱が取れたら、完全に冷めないうちに**2**の具を（上に散らす分を残して）混ぜ合わせる。器に盛って残りの具を散らし、"酢ばす"、錦糸卵、しょうがの甘酢漬けを飾る。

かぼちゃ

電子レンジで

6分

chapter

6

電子レンジで ほどよく堅めのホクホクに。

chapter 6

かぼちゃをゆでる

かぼちゃの甘みを引き出し、柔らかすぎず堅すぎず熱を通すには、電子レンジを使うのが断然おすすめです。お鍋でゆでるときはかぶるくらいの水を加えますが、電子レンジにかけるときは大さじ2杯の水をパッとふりかけるだけ。よけいな水を加えなくても、かぼちゃ自身の持つ水分で蒸されるような状態になるので、水っぽくならずホクホクに仕上がるというわけです。ただし、電子レンジに長くかけすぎたり、レンジから出したあとラップフィルムをはずすのを忘れたりすると、ホクホクどころか、ベチャッとしたかぼちゃになってしまいますので、簡単だからといって油断は禁物。また、かぼちゃは収穫時期や産地、種類によっても味や肉質が違うため、「ちょうどいい加減」を見きわめるのは結構難しいものです。心配なときはレンジにかける時間を6分より少し短めにして、様子を見ながら調節してください。和風の煮物やてんぷらにするには、みずみずしくてあっさり味の日本かぼちゃがよく合いますが、このレンジかぼちゃには、栗かぼちゃやえびすかぼちゃなど西洋種のほうが向いているようです。

かぼちゃは種とワタを取り除き、ところどころ皮をむく。横半分に切り、端から2cm厚さに切る。

耐熱性の平皿やパイ皿にかぼちゃを重ならないように並べる。かぼちゃ1/4コ分につき水大さじ2をふりかけ、ラップフィルムをかけて電子レンジに6分間かける。

ラップフィルムをはずして完全に冷まし、密閉容器に入れて保存する。ラップフィルムをかけたままだと熱がどんどん加わってしまうので注意。3〜5日間もつ。

かぼちゃのガーリックソテー

フライパンでサッと焼いただけでも立派なおかずに。
パセリとにんにくの風味を移したオイルを
からめて仕上げます。

材料（4人分）

レンジかぼちゃ　1/4コ分
にんにく（みじん切り）　1かけ分
パセリ（みじん切り）　約カップ1/2
●オリーブ油・塩・こしょう
E120kcal　T5分

つくり方

1. フライパンにオリーブ油大さじ1・1/2を熱してかぼちゃを並べ入れ、両面に焼き色をつけて取り出す。

2. 同じフライパンにオリーブ油小さじ2をたしてにんにくを炒め、香りがたったらパセリを加えてサッと炒める。

3. 1のかぼちゃを戻し入れてパセリをからめ、塩・こしょうで味を調える。

かぼちゃサラダ

カリカリのアーモンドとシナモンで、
かぼちゃの甘みにアクセントをプラス。
ついあとを引くおいしさです。

材料（4人分）

レンジかぼちゃ	200g
マヨネーズ	大さじ3～4
アーモンドスライス	適宜
シナモンパウダー	少々
●塩・こしょう	
E130kcal	T5分

つくり方

1.アーモンドスライスを天板に広げ、オーブントースターで3～4分間焼く。

2.かぼちゃを耐熱性のボウルに入れて電子レンジで軽く温め直し、手で粗くつぶす。

3.マヨネーズ、シナモンパウダーを加えてあえ、塩・こしょうで味を調える。器に盛り、**1**を散らす。

かぼちゃのポタージュ

皮を薄くそぎ取って使うと
きれいな黄色に。
もっと甘みを濃くしたければ、
かぼちゃの量を増やしてください。

材料（4人分）

レンジかぼちゃ	200～250g
たまねぎ	1/2コ
固形スープの素（チキン）	1コ
ローリエ	1枚
牛乳	カップ1
A バター（室温）	大さじ2
A 小麦粉	大さじ3
クルトン（市販）	適宜
●バター・塩・こしょう	
E190kcal	T30分

つくり方

1.たまねぎはみじん切りにし、バター大さじ1を溶かした鍋に入れて炒める。しんなりしたら水カップ4、固形スープの素、ローリエを加え、ふたをして弱火で15分間煮る。

2.ボウルに**A**を入れ、よく練り合わせておく。

3.1の鍋にかぼちゃを加え、さらに5分間煮たらミキサーにかける（こし器で裏ごししてもよい）。鍋に戻し入れ、牛乳を加えて再び弱火にかける。

4.2のボウルに**3**を玉じゃくし1杯分ほど加えて泡立て器で混ぜ、鍋に加えてとろみをつける。塩・こしょうで味を調え、器に盛ってクルトンを散らす。

かぼちゃのそぼろあんかけ

とうがらしをピリッときかせたそぼろあんで
ボリュームアップ。ゆで野菜の種類を増やせば、
立派なメインにも。

材料（4人分）

レンジかぼちゃ	200g
そぼろあん	適宜 ●
E130kcal	T10分

つくり方

1. そぼろあんをつくる。

2. かぼちゃを電子レンジで軽く温め直して皿に並べ、そぼろあんをかける。

そぼろあんのつくり方

	豚ひき肉	100g
	しょうが（みじん切り）	1かけ分
	赤とうがらし	1/2本
A	酒・しょうゆ	各大さじ1
	砂糖	大さじ1/2
	みそ	小さじ1
	水	カップ1/2
	サラダ油	大さじ1/2
	かたくり粉	小さじ1

鍋にサラダ油を熱してしょうがを炒め、香りがたったらひき肉と赤とうがらしを加える。肉がポロポロになったら**A**を加え、沸騰したらアクを取り除いて3〜4分間煮る。好みの辛さになったら、途中で赤とうがらしを除き、同量の水で溶いたかたくり粉でとろみをつける。

かぼちゃのグラッセ

肉や魚をセンスアップする
つけ合わせです。

材料(4人分)

かぼちゃ(生)		200g
A	砂糖	大さじ2
A	バター	大さじ1
A	塩	小さじ1/4
A	水	カップ1

E90kcal　T15分

つくり方

1.かぼちゃは種とワタを取ってところどころ皮をむき、3cm角に切って耐熱性のボウルに入れる。
2.Aを加えてラップフィルムか耐熱性の皿をかぶせ、電子レンジに13〜14分間かける。
3.ふたをはずして煮汁を含ませ、肉料理や魚料理につけ合わせる。残りは煮汁ごと容器に入れて冷蔵庫で保存し、食べるときに軽く温め直す。

かぼちゃの煮物

伝統的な和風の煮物も電子レンジで簡単に。

材料(つくりやすい分量)

かぼちゃ		1/4コ(約350g)
A	だし(または水)	カップ1・1/2
A	砂糖	大さじ3
A	薄口しょうゆ	大さじ2

E110kcal　T15分

つくり方

1.かぼちゃは種とワタを取ってところどころ皮をむき、8等分に切って耐熱性のボウルに入れる。
2.Aを加えてラップフィルムか耐熱性の皿をかぶせ、電子レンジに13〜14分間かける。
3.ふたをはずして煮汁を含ませ、器に盛る。できたてよりも粗熱が取れたぐらいがおいしい。

［もう一つの保存法］

甘い煮汁を含ませる

煮物もグラッセも、
お鍋でつくるときと
同じ煮汁を加えてレンジに
かけます。

かぼちゃを甘い煮物にしたりグラッセにするときも、電子レンジを使うと簡単。ゆでたかぼちゃをもう一度煮て味を含ませる、という2ステップを踏まなくても、生のものを煮汁につけた状態で電子レンジにかければよいのです。もちろん、このまま保存もOK。多めにつくって煮汁ごと容器に入れておけば、3日間ほど保存可能。毎日少しずつ小鉢に盛ったり、つけ合わせにして楽しめます。

豚肉のしょうが焼き（4人分）

つくり方

1.しょうが1かけをすりおろし、酒・しょうゆ・水各大さじ2、みりん大さじ1、砂糖一つまみを加えてたれをつくっておく。

2.豚薄切り肉（ロース）300gを二つ折りにしてバットに並べ、たれ大さじ2をまぶす。残りのたれにはかたくり粉小さじ1/2を混ぜ合わせる。

3.フライパンにサラダ油少々を熱し、**2**の肉を数回に分けて焼き、皿に取り出す。全部焼けたらフライパンに戻し入れ、残りのたれを加えてからめる。

白菜

chapter 7

大きな野菜こそ
ゆでてコンパクトに、
使いやすく。

ゆで時間 30秒

chapter 7

ほっと吐く息が 白くなってくるころ。鍋のおいしい季節に欠かせないのが、白菜。そして、「はたして使いきれるかしら」と主婦の頭を悩ませるのもまた、白菜。台所が暖房のきかない最たる場所だったような時代には、まるまる太った白菜は2株3株と買い置きをして、新聞紙にくるんで床にころがしておいたものです。いってみれば、丸ごと冷蔵庫に入れることなど想定されていなかった野菜なのですから、今、私たちが保存に四苦八苦するのも仕方のないこと。冷蔵庫に入るサイズを、1、2回の寄せ鍋で使いきれるサイズを、と、四つ割り六つ割りの白菜を買い求めたくなる気持ちもよくわかるのです。でも、ちょっと頭を切り替えてみて。そう、「まずは、ゆでて」保存です。第一のメリットは、なんといってもコンパクトになること。そして第二に、使いやすさ。特に炒め物がうまくできるようになるので、白菜メニューの幅も広がるはず。鍋物だって、白菜は下ゆでしたほうが水けが出なくておいしいんですよ。まず1/4株でメリットを実感できたら、半割り、丸ごと、試してみてください。

白菜をゆでる

芯をくりぬいて葉をはがす。外側半分までは3枚ずつ、あとは中心に近づくほど枚数を増やし（最大6～7枚ずつ）、組み合わせておく。

小さじに山盛り1杯の塩を加えた熱湯で、1組ずつゆでる。外葉で約30秒間。中心に近い組ほど時間を短くする。芯のわきにつめを入れ、「やっとささる」堅さが目安。

すぐ冷水に取り、3～4組分たまったら水を替えて完全に冷ます。

数枚ずつ重ね、しっかりふって水けをきり、下向きに並べておく。すのこつきの容器か紙タオルを敷いた容器に詰めて保存する。3～4日間はもつ。

材料（4人分）	
ゆでた白菜	500g
ハム	3枚
レンジホワイトソース	
（P27参照）	半量
	（約カップ1）
パセリ（みじん切り）	適宜
●塩・こしょう	
E160kcal　T15分	

つくり方

1.白菜は長さを半分に切る。上半分（葉の部分）は縦半分、下半分は縦に2〜3cm幅に切る。ハムは4等分に切る。

2.鍋に水カップ1/2、塩一つまみ、**1**の白菜を入れて火にかける。煮立ったら弱火にし、ふたをして約10分間煮る。

3.レンジホワイトソースをつくり、半量をボウルに入れる（残りは密閉容器で保存）。

4.3のボウルに**2**の煮汁を2回に分けて加え、そのつど泡立て器でよく混ぜ合わせる。鍋に戻して塩・こしょうで味を調え、ハムを加え、弱火で2〜3分間温める。器に盛り、パセリを散らす。

白菜とハムのクリーム煮

ホワイトソースをまとった、柔らかくて甘〜い白菜。
寒い日にアツアツのクリーム煮は、
至福のおいしさです。

白菜と肉だんごの鍋

透き通ったスープと白菜の上には、
カリッと焼いた大きな肉だんご。
ふたを開けたときの歓声が楽しみです。

材料（4人分）

	ゆでた白菜	1/4株分
	豚ひき肉	300g
	たまねぎ	1/2コ
	春雨（乾）	60g
A	卵	1コ
	しょうが（すりおろす）	1かけ分
	かたくり粉	大さじ2/3
	塩	小さじ1/4
	こしょう	少々
B	鶏ガラスープの素	大さじ1
	しょうゆ	大さじ1・1/2
	砂糖	小さじ1/2
	こしょう	少々
	●サラダ油	
	E340kcal　T25分	

つくり方

1. 白菜は5〜6cm幅のそぎ切り、たまねぎはみじん切りにする。春雨は熱湯で堅めに戻し、食べやすく切る。

2. ボウルにひき肉を入れて**A**を加え、手でよく練り混ぜる。たまねぎを加えてさらに混ぜ、8等分してだんご状に丸める。

3. フライパンにサラダ油少々を熱し、白菜をサッと炒めて取り出す。あらたにサラダ油少々を熱し、**2**の肉だんごを焼く。

4. 土鍋に**3**の白菜と水カップ3を入れ、**B**を加えて火にかける。煮立ったら肉だんごを上にのせて約15分間煮込み、煮上がりに春雨を加える。

白菜の甘酢サラダ

芯の白い部分は、歯ごたえを生かしてさっぱりサラダに。中心の葉が残ったときにもおすすめです。

材料（4人分）

	ゆでた白菜	
	（白い部分）	200g
	赤とうがらし	1/2本
A	酢	カップ1/4
	砂糖	大さじ1・1/2
	サラダ油	小さじ2
	塩	小さじ1/4
	E40kcal　T3分	

つくり方

1. 白菜は6〜7cm長さ、7〜8mm幅に切る。赤とうがらしは小口切りにする。

2. ボウルに**A**と赤とうがらしを混ぜ合わせ、白菜を加えてあえる。

白菜の煮びたし

白菜には、油揚げよりもふっくらした厚揚げが合います。煮え加減、味のしみ加減はお好みで。

材料（4人分）

	ゆでた白菜	300g
	厚揚げ	1枚
A	だし	カップ1
	薄口しょうゆ	大さじ1・1/2
	みりん	大さじ1
	E80kcal　T15分	

つくり方

1. 白菜は食べやすい大きさに切る。厚揚げは横半分、1cm厚さに切る。

2. 鍋に**A**を入れて火にかけ、煮立ったら白菜と厚揚げを加え、10〜15分間煮る。

白菜とえびのあんかけ焼きそば

白菜とえびだけ。シンプルな紅白のあんかけです。

材料（4人分）

ゆでた白菜		400g
えび（殻つき）		300g
にんにく		1かけ
中華めん		4玉
A	鶏ガラスープの素	大さじ1
	塩	小さじ1/2
	砂糖	小さじ1/4
	こしょう	少々
	水	カップ4

●塩・酒・ごま油・サラダ油・かたくり粉

E610kcal　T20分

つくり方

1. 白菜はザク切りにする。にんにくは半分に切って包丁の腹でつぶす。えびは殻と背ワタを取って水けをふき、塩少々、酒小さじ1/2をふってかたくり粉をまぶす。

2. 中華めんはたっぷりの熱湯でゆで、水けをきってごま油少々をまぶしておく。

3. 中華鍋にサラダ油を2cmぐらいの高さまで入れて熱し、えびを入れ、表面の色が変わったら引き上げる。油は大さじ1ほど残して取り出す。

4. **3**のフライパンで**1**のにんにくを熱し、香りが油に移ったら取り出し、白菜を炒める。しんなりしたら**A**を加え、白菜が柔らかくなるまで煮る。

5. **3**のえびを戻し入れ、かたくり粉大さじ4を同量の水で溶いて少しずつ加える。とろみがついたら、ごま油少々で香りをつけ、火を止める。

6. フライパンにサラダ油少々を熱して**2**の中華めんを1玉ずつ広げ入れ、両面をこんがりと焼く。器に盛り、**5**のあんをかける。

中華丼

冷蔵庫にある素材を何でも組み合わせてにぎやかに。

材料（4人分）

ゆでた白菜		350g
豚薄切り肉		150g
たけのこ（水煮）		50g
干ししいたけ		3〜4枚
にんにく		1かけ
A	しょうゆ	大さじ2・1/2
	鶏ガラスープの素	大さじ1
	砂糖	小さじ1
	こしょう	少々
	水	カップ4
ご飯		どんぶり4杯分

●酒・しょうゆ・かたくり粉・サラダ油・ごま油

E570kcal　T12分*

*干ししいたけを戻す時間は除く。

つくり方

1. 干ししいたけは水につけて戻し、石づきを切り落として4等分のそぎ切りにする。白菜はザク切り、たけのこは3cm長さの薄切りにする。にんにくは半分に切って包丁の腹でつぶす。

2. 豚肉は一口大に切り、酒・しょうゆ各小さじ1/2をふって混ぜ、かたくり粉を薄くまぶす。

3. 中華鍋にサラダ油を2cmぐらいの高さまで入れて熱し、**2**の豚肉を入れ、表面の色が変わるぐらいに火を通して引き上げる。油は大さじ1ほど残して取り出す。

4. **3**の中華鍋で**1**のにんにくを熱し、香りが油に移ったら取り出し、白菜を炒める。しんなりしたらたけのことしいたけを加えて炒め、**A**を加え、白菜が柔らかくなるまで煮る。

5. **3**の豚肉を戻し入れ、かたくり粉大さじ4を同量の水で溶いて少しずつ加える。とろみがついたら、ごま油少々で香りをつけ、火を止める。

6. 器にご飯を盛り、**5**のあんをかける。

大根

まるまる1本、
バリエーション豊かに
食べられます。

chapter 8

ゆで時間

15~20分

chapter 8

大根をゆでる

すりおろしたり、千六本に切ったり、いろいろな使いみちがありますが、メインのおかずに大根を使う場合は、輪切りにして「まずはゆでる!」が基本です。ふろふき大根のように大根そのものの滋味を味わう料理もありますが、おでんにしたり肉や魚介類といっしょに煮込んだりすると、隠れた実力を発揮。組み合わせた素材やだしのうまみをしっかり受け取って、じんわり伝えてくれるのです。甘みのある葉つきのほうはサラダに、辛みの強いしっぽのほうは大根おろしやおみそ汁に、そして真ん中の太った部分はメイン用として全部ゆでておく。こうして使い分ければまるまる1本、バリエーション豊かに、ぜいたくに食べきることができます。半分に切ったものなら、全部ゆでてしまっても大丈夫。2cm厚さの輪切りにしたら、10枚ちょっとがせいぜいでしょう。ゆで加減は、竹ぐしを刺してみて少し手ごたえが残るぐらいの堅さ。サッと温めて肉みそをかけたり、フライパンでソテーしたりするだけでも立派なおかずになりますし、いくらでも食べられるので、あっという間に売り切れてしまうことうけあいです。

大根は2cm厚さの輪切りにして皮をむき、面取りをする。ピーラーで角をクルリと削るだけでOK。

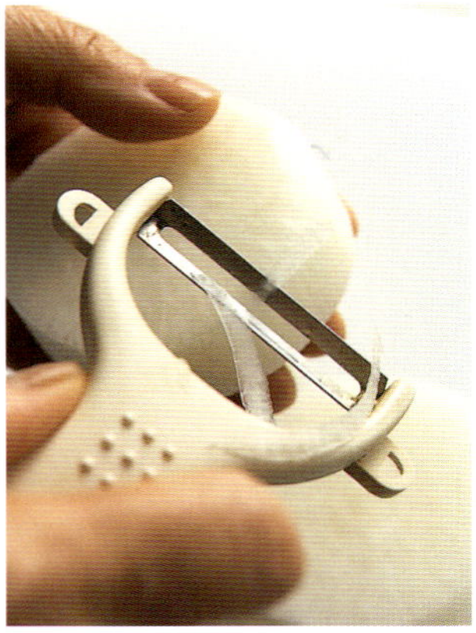

鍋に入れてかぶるぐらいの水を加え、大根が浮かないよう落としぶたをしてゆでる。沸騰してから15〜20分間、竹ぐしが通るか通らないかぐらいの堅さにゆで上げる。

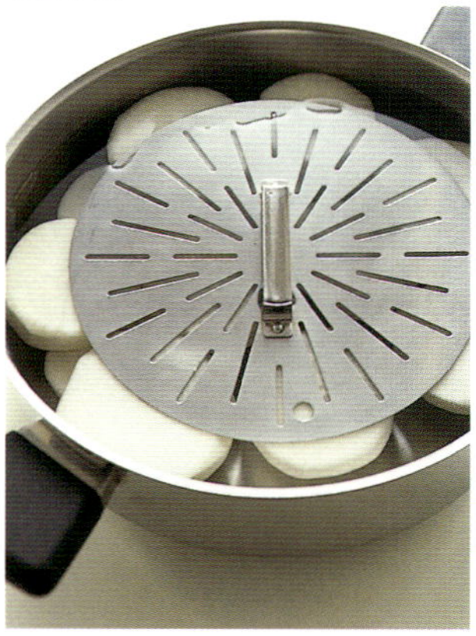

ざるに上げて冷まし、密閉容器に入れる。急ぐときは冷水につけてもよい。すのこつきの容器で保存すると、においがこもりにくい。3〜4日間もつ。

ぶり大根

ゆでた大根と切り身のぶりを使った簡単バージョン。
忙しい日の夕ご飯にも、
これなら手間なくつくれます。

材料（4人分）

ゆでた大根		8〜10コ
ぶり（切り身）		4切れ
A	酒・水	各カップ1
	しょうゆ・みりん	各カップ1/4

E250kcal　T17分

つくり方

1. 大根は半分に切る。ぶりは半分に切って熱湯にサッとくぐらせ、表面が白っぽくなったらすぐ引き上げてうろこを洗い流す。

2. 鍋に**A**を入れて火にかけ、煮立ったら大根とぶりを加えて落としぶたをする。中火で約15分間、大根に煮汁がしみるまで煮る。

柚子みそがけ

材料（4人分）	
ゆでた大根	8コ
柚子みそ	適宜
柚子の皮（せん切り）	適宜
E100kcal　T12分	

つくり方

1. 柚子みそをつくる。

2. 大根は電子レンジに2分間かけて温める。器に盛って柚子みそを適宜かけ、柚子の皮を飾る。

柚子みそのつくり方

柚子の皮		1コ分
A	みそ	150g
	砂糖	75g
	だし（または水）	カップ1/2

柚子の皮はみじん切りにする。鍋に**A**を入れ、木べらで混ぜてから弱火にかけ、焦げないようにたえず練りながら7〜8分間火を通す。水分がとんで鍋底に木べらのあとが残るぐらいになったらぬれぶきんの上に置き、時々混ぜながら冷ます。粗熱が取れたら、柚子の皮を混ぜる。田楽みそ（P 89）と同様、保存がきくのでこのぐらい多めにつくっておくと何かと便利。

ゆで大根のふろふき風

ゆでた大根を
ふろふき風にアレンジしてみました。
厚みはちょっと少ないですが、
たった数分でできるのがうれしいところ。
トッピングを変えて、バリエーションを
楽しんでください。

豚しゃぶのせ

材料（4人分）	
ゆでた大根	8コ
豚薄切り肉（しゃぶしゃぶ用）	200g
細ねぎ	適宜
ポンスじょうゆ（市販）	適宜
一味とうがらし（または柚子入り七味とうがらしなど）	適宜
E160kcal　T7分	

つくり方

1. 豚肉は熱湯にサッとくぐらせ、すぐに水けをきる。細ねぎは小口切りにする。

2. 大根を電子レンジに2分間かけて温め、**1**の肉をのせ、ポンスじょうゆをかける。細ねぎを散らし、一味とうがらしなど好みの薬味をかける。

肉みそがけ

材料（4人分）	
ゆでた大根	8コ
ねぎ	適宜
肉みそ	全量
E190kcal　T10分	

つくり方

1. ねぎは芯の青い部分を取り除き、せん切りにして水にさらす。

2. 肉みそをつくる。

3. 大根を電子レンジに2分間かけて温め、器に盛る。肉みそを等分にかけ、**1**のねぎの水けをきってのせる。

肉みそのつくり方

豚ひき肉		200g
酒		大さじ2
A	八丁みそ	40g
	みそ	大さじ1
	砂糖	大さじ2
	水	カップ1
かたくり粉		大さじ1

フッ素樹脂加工のフライパンを使い、油をひかずにひき肉を炒める。ポロポロになったら酒を加えてアルコールをとばし、**A**を加えて混ぜ合わせ、6〜7分間煮る。かたくり粉を倍量の水で溶き、様子をみながら加えてゆるくとろみをつける。

大根とかきのソテー

寒い季節に一度は試してほしい、旬の素材の組み合わせ。
かきとオイスターソースの濃厚なうまみを、
大根がしっかり受け止めます。

材料（5〜6人分）

ゆでた大根		7〜8コ
かき		20コ
A	オイスターソース	大さじ2
	しょうゆ	小さじ1
●塩・こしょう・小麦粉・バター・サラダ油		

E110kcal　T7分

つくり方

1. 大根は4等分に切る。かきは塩水で洗って水けをよくふき取り、こしょう少々で下味をつけ、小麦粉を薄くまぶす。

2. フライパンにバターとサラダ油各大さじ1を熱して、かきをサッと焼き、表面に焼き色がついたら取り出す。

3. **2**のフライパンにバターとサラダ油各少々をたし、大根を焼く。全体に焼き色がついたらかきを戻し入れ、**A**の調味料を加え、あおるように炒めながらからめて器に盛る。

簡単おでん

大根を下ゆでする手間がないので、土鍋ひとつでOK。煮る時間もぐっと短縮されます。昆布のかわりにわかめを入れてあっさりと。

材料（つくりやすい分量）

ゆでた大根	8コ
ちくわ	1本
さつま揚げなど練りもの	150～200g
生わかめ（または塩蔵わかめを戻したもの）	適宜
A だし	カップ8
A 薄口しょうゆ	大さじ1
A みりん	大さじ1
A 砂糖	小さじ1
A 塩	小さじ1/2
練りがらし	適宜
E570kcal（全量）	T25分

つくり方

1. 大根、ちくわ、さつま揚げなどの具は食べやすい大きさに切る。
2. 鍋に**A**を入れて火にかける。沸騰したら大根とちくわを入れ、10分間ほど煮る。
3. わかめ以外の具を加え、さらに10分間煮る。大根に味がしみたらわかめを加えてサッと火を通し、練りがらしを添えて器に盛る。

大根と帆立てのとろみ汁

大根に昆布と帆立てのだしがじんわりしみ込み、ほっとする味に。かたくり粉でとろみをつけてしょうがをのせた、体の芯まで温まるスープです。

材料（つくりやすい分量）

ゆでた大根	4コ
帆立て貝柱（水煮）	1缶（約100g）
A 中華風だしの素（顆粒）	小さじ1/3
A 塩	少々
昆布	10cm
しょうが（すりおろす）	適宜
●かたくり粉	
E200kcal（全量）	T15分

つくり方

1. 大根は4等分に切る。昆布はぬれぶきんで表面をふく。
2. 鍋に水カップ3と昆布を入れて弱めの火にかけ、フツフツとしてきたら昆布を取り出す。火を強め、沸騰したら**A**を入れ、帆立て貝柱の水煮を缶汁ごと加える。
3. 煮立ったら大根を加え、10分間ほど煮る。かたくり粉大さじ1・1/2を同量の水で溶いて回し入れ、とろみがついたら器に盛り、しょうがをのせる。

大根とひき肉のカレー

肉はひき肉、野菜はたまねぎと大根だけのシンプルなカレー。市販のルーに薬味やスパイスを加えれば、風味に奥行きと広がりが生まれます。

材料（6～7人分）

ゆでた大根	4コ
豚ひき肉	500g
たまねぎ	1コ
にんにく	2かけ
しょうが	2かけ
カルダモン	6～7粒
赤とうがらし	1本
ローリエ	1枚
カレールー（市販）	約120g
ウスターソース	大さじ1
ご飯・福神漬け	各適宜
大根の茎の塩漬け（あれば）	適宜
●サラダ油・塩	
E650kcal	T30分

茎の塩漬けのつくり方

大根をゆでたあとの湯をもう一度沸かし、茎の部分をサッと数秒間ゆでて刻む。塩少々をふって10分おき、水けをしっかり絞っておけば4～5日間は青々としているので、ご飯に混ぜたり、大根サラダのトッピングにしたり、じゃこといっしょに炒めたり……、いろいろな場面で活躍させて。

つくり方

1. 大根は2.5cm角に切る。たまねぎ、にんにく、しょうがはみじん切りにする。カルダモンは切り目を入れてつぶし、赤とうがらしは種を取って粗みじん切りにする。
2. 鍋にサラダ油大さじ2、**1**のにんにく、しょうが、カルダモン、赤とうがらし、ローリエを加えて炒め、香りがたったらたまねぎを加えてさらに炒める。
3. たまねぎがしんなりしたらひき肉を加え、ポロポロになったら水カップ6を注ぐ。沸騰したらアクを取り、約10分間煮て大根を加える。
4. さらに10分間煮たら、様子をみながらカレールーを加え、ウスターソース、塩少々で味を調える。ご飯に大根の茎の塩漬けを混ぜて器に盛り、カレーをかけ、好みで福神漬けなどを添える。

chapter 8

大根

里芋

ゆで時間

10~15分

chapter

9

とにかく、
あとがラクになるのが
うれしい。

chapter 9

里芋をゆでる

下ごしらえがめんどうな野菜といって、真っ先に思い浮かぶのが里芋。里芋をゆでておくメリットは、一にも二にも「あとでラクができる」ところにあります。泥を落として皮をむき、また洗って、ゆでこぼして……。この手間がなかったらどんなにいいだろう、ということで最近は、皮むきして真空パックにしたものや下ゆでずみの冷凍里芋も売られています。冷凍ものは便利でおいしいとの声も聞きますが、電子レンジにかけると柔らかくなりすぎるのです。私はやっぱり「ちょっと堅めのゆで加減」にこだわりたい。とろけるほどに煮込んだものも、しっかりめのお芋に田楽みそをのせたりバターでサッと焼いたりした、プレーンな味わいも両方楽しみたいからです。直径3、4cmの里芋なら丸のまま。50g以上の大きなものなら2、3等分に切って、25g程度の重さにそろえます。水からじっくり、ではなく、最初から沸騰した湯でゆでても大丈夫。芋類はものによって肉質が違うので、どうしてもゆで時間に幅が出ます。まず10分ゆでたら堅さをみて、真ん中まで竹ぐしが刺さるぐらいになるまで様子をみながらゆで上げてください。

里芋はたわしで洗って皮をむき、水を張ったボウルに放す。時々里芋を水につけて泥を落としながらむき、水が汚れたら2〜3回替えてきれいに洗う。

小さなもの（25g前後）は丸ごと、大きいものは半分に切る。鍋にたっぷりの水と酢大さじ1を入れて中火にかけ、沸騰したら里芋を入れて10〜15分間ゆでる。

竹ぐしがやっと通るぐらいの堅さになったら、ざるに上げて水にさらし、サッと洗ってぬめりを落とす。水けをきって冷まし、容器に保存する。3〜4日間もつ。

里芋の田楽

田楽みそのつくりおきがあれば、あっという間にでき上がります。
火を通したみそは長もちするので、
ほかの野菜にも利用して。

材料（4人分）

ゆでた里芋	16コ
田楽みそ（2種）	適宜
いりごま（白）	少々
いりごま（黒）	少々

E110kcal　T8分

田楽みそのつくり方

A	白みそ	100g
A	だし（または水）	大さじ2
A	みりん	大さじ2
B	赤みそ	100g
B	砂糖	大さじ3～4
B	だし（または水）	大さじ2
B	みりん	大さじ2

それぞれ材料を鍋に入れて弱火にかけ、木べらで5～6分間練る。水分がとんで、鍋底に木べらのあとが残るぐらいの堅さになったら、火から下ろす。
少ない分量では練りにくく、焦げやすいので、一度で使いきれないと思っても、このぐらい多めにつくっておくほうが失敗しない。余っても密閉容器に入れて冷蔵庫で保存すれば1週間はじゅうぶんもつ。

つくり方

1. 田楽みそをつくる。

2. 里芋を竹ぐしに2コずつ刺し、フッ素樹脂加工のフライパンで油をひかずに両面をサッと焼くか、電子レンジに30秒間ほどかけて温める。

3. 2に2種類のみそを小さじ1/2～1ずつ塗り、いりごまをふる。

里芋の素揚げ

ゆでてあるので揚げるのも簡単。
まわりがカリッとしたら引き上げ、
香ばしい青のりをまぶします。

材料(つくりやすい分量)

ゆでた里芋	200～300g
青のり	大さじ2
塩	小さじ1/4
●揚げ油	
E270kcal(全量)	T5分

つくり方

1.小さなボウルに青のりと塩を混ぜ合わせておく。

2.揚げ油を180℃に熱し、里芋を揚げる。油をきり、**1**のボウルに入れて転がし、青のりと塩をまぶしつける。

里芋のバターソテー

里芋には和風の味つけ、
と決めつけていませんか?
バターでサッと焼いたら、ワインにも
ぴったりのおつまみに
なりますよ。

材料(4人分)

ゆでた里芋	12コ(約300g)
●バター・塩・粗びきこしょう(黒)	
E70kcal	T3分

つくり方

1.里芋は5mm厚さの輪切りにする。

2.フライパンにバター大さじ1を溶かし、里芋の両面をサッと焼き、塩・粗びきこしょうをふる。

里芋といかの煮物

いかは火が通りすぎると
堅くなるので、
途中でいったん取り出し、
里芋が煮えてから戻し入れます。

材料(4人分)

ゆでた里芋		8コ(約200g)
するめいか		1ぱい
A	だし(または水)	カップ1
	砂糖・しょうゆ	各大さじ2
	みりん	大さじ1
E110kcal		T12分

つくり方

1.いかはワタと軟骨を取り除き、胴は1.5cm幅の輪切りにする。足は2本ずつ切り離す。

2.鍋に**A**を入れて煮立て、いかを加え、色が変わったら取り出す。里芋を加えて5～6分間煮、いかを戻し入れてサッと温める。

芋煮風汁

にんじんとごぼうは、レンジにかけたものでもOK。その場合は煮る時間が短縮できます。

材料（4人分）

ゆでた里芋		12コ（約300g）
にんじん		50g
ごぼう		50g
豚薄切り肉（バラ）		100g
A	だし	カップ4
	しょうゆ	大さじ3～3･1/2
	砂糖	小さじ1～1･1/2
細ねぎ（小口切り）		適宜
●サラダ油		
E180kcal		T18分

つくり方

1.にんじんは縦四つ割りにして小口から薄切りにする。ごぼうは斜め薄切りにして水にさらす。豚肉は3cm長さに切る。

2.鍋にサラダ油少々を熱し、にんじんとごぼうを炒める。里芋を加えてサッと炒め、油が回ったら**A**を加えて煮立てる。

3.豚肉を加え、沸騰したらアクを取り、約15分間煮る。器に盛り、細ねぎを散らし、好みで一味とうがらしなどをふる。

ブロッコリ

和・洋・中、
何にでも使える
お役立ち素材。

chapter 10

ゆで時間

20秒

chapter 10

ブロッコリをゆでる

ブロッコリは、キャベツの仲間。濃い緑色の房は小さな花のつぼみの集まりです。生で食べることはあまりなく、ゆでたものをサラダにしたり、スープやシチューの煮えぎわに加えたり。生のままでも長もちしそうに見えますが、意外に傷みが早いので、黄色っぽくなったり黒ずんできたりしないうちにとりあえずゆでて、おいしいうちにどんどん食べます。茎の太い部分は皮が厚くて堅いのですが、捨てたりしたらもったいないですよ。花や茎の細い部分にはない甘みがあるので、皮をむいて棒状に切り、いっしょにゆでておきましょう。塩を加えた熱湯で約20秒、まだコリコリと歯ごたえが残る堅さが理想的です。花の部分は青菜と同じようなもの。油断しているとすぐしんなりしてしまいます。また、水分が残っていると変色しやすいので、しっかりふって水けをきって。まあるい形もかわいらしく緑鮮やかなブロッコリは、食卓をにぎやかにしてくれます。おべんとうの彩りにも最適。洋食だけでなく和風のあえものや中華風の炒め物にもぴったり。ゆで野菜のなかでも活用度の高さでは3本の指に入ると思います。

ブロッコリは花と茎に分け、花は枝の分かれ目から小房に切り分ける。茎は皮を厚めにむいて6〜7cm長さに切り、縦四つ〜六つ割りにする。

鍋にたっぷり湯を沸かして塩小さじ山盛り1杯を加え、茎と花をいっしょにゆでる。ゆで時間は平均20秒間だが、産地によってかなり柔らかいものもあるので竹ぐしを刺してこまめにチェックし、「茎にやっと刺さるぐらいの堅さ」で火を止める。

手早くざるに上げて冷水にとり、数回水を替えて冷ます。花の部分を下にしてしっかりとふり、水けをよくきってから密閉容器に入れる。4〜5日間もつ。

ブロッコリと白身魚のスープ

ゆでたブロッコリとXO醤があれば、たった5分でこんなに豪華なスープができます。

材料（4人分）

ゆでたブロッコリ		100g
白身魚（鯛、すずき、ひらめなど）		2切れ
レタス		2枚
A	固形スープの素	2コ
	XO醤	小さじ2〜3
	酒・しょうゆ	各小さじ1
●塩・酒		

E80kcal　T5分

つくり方

1.白身魚は骨を取り除いて一口大に切り、耐熱性の器に並べる。全体に塩をふって酒小さじ1をからめ、ラップフィルムをかけて電子レンジに1分間かける。

2.鍋に水カップ4を入れて火にかけ、沸騰したら**A**を加える。**1**の白身魚、ブロッコリ、ちぎったレタスを加え、サッと温めて器によそう。

ブロッコリのチーズソースがけ

このソースをかければ、どんなゆで野菜もリッチなごちそうに。

材料（4人分）

ゆでたブロッコリ	300g
チーズソース	全量

E200kcal　T12分

チーズソースのつくり方

チーズ（溶けるタイプ）	100g
ホワイトソース（缶詰め）	1缶（300g）

耐熱性のボウルにホワイトソースを入れ、ラップフィルムをふんわりかけて、電子レンジで3分間。チーズを粗くすりおろして加え、よく混ぜ合わせて溶かす。チーズはチェダーチーズを使うと、野菜がはえる明るいオレンジ色のチーズソースになる。

つくり方

1. チーズソースをつくる。

2. 耐熱性の器にブロッコリを並べてチーズソースをかけ、電子レンジに6〜7分間かける。

ブロッコリとツナのホットサラダ

甘辛味のツナとせん切りにんじんをからませて。

材料（4人分）	
ゆでたブロッコリ	1株分（250g）
ツナ（缶詰）	小1缶（80g）
A しょうゆ	小さじ1・1/2
A 砂糖	小さじ1・1/2
せん切りにんじん	1/2本分
●サラダ油・塩・こしょう	
E90kcal　T6分	

せん切りにんじんのつくり方

皮をむいてスライサーでせん切りにしたにんじんを耐熱性の容器に入れ、1本分につき水大さじ1をふりかける。ラップフィルムをかけ、電子レンジで約2分間。冷めたら汁ごと密閉容器で保存する。
青菜にからませてあえものに、オムレツの中身に、ポテトサラダやグリーンサラダに混ぜて、彩りと味のアクセントに。2〜3本分たっぷりつくってドレッシングであえれば、シンプルなにんじんサラダとしても楽しめる。

つくり方

1. ツナは缶汁を小さじ1杯分ほど残してきり、耐熱性の器に入れる。**A**を加えてざっと混ぜ、ラップフィルムをかけて電子レンジに30秒間かける。

2. フライパンにサラダ油少々を熱してせん切りにんじんを炒め、ブロッコリも加えて炒める。ツナを加えてからめ、塩・こしょうで味を調える。

ブロッコリの和風サラダ

ドレッシングはたまねぎベースの和風味。

材料（4人分）	
ゆでたブロッコリ	200g
オニオンドレッシング	適宜
かつおふりかけ	適宜
いりごま（白）	適宜
E70kcal　T8分	

つくり方

1. オニオンドレッシングをつくる。

2. かつおふりかけをつくる。

3. ブロッコリを器に盛り、ドレッシングを適宜かける。かつおふりかけといりごまをふる。

オニオンドレッシングのつくり方

たまねぎ	1/2コ
めんつゆ（市販。ストレート）	140ml
米酢	大さじ4
すりごま（白）	30g

たまねぎは半量をすりおろし、半量をみじん切りにする。密閉容器に入れてめんつゆ、米酢を加え、すりごまを混ぜる。冷蔵庫で保存すれば1週間はおいしく食べられる。

かつおふりかけのつくり方

削り節	20g
しょうゆ	大さじ1
みりん	大さじ2/3

耐熱性の器に削り節を広げて電子レンジに3分間かけ、手でもんで細かくする。しょうゆ、みりんを加えて混ぜ、再び電子レンジで1分間。粗熱が取れたらもう一度手でほぐし、容器に入れる。ブロッコリや青菜のあえものに活躍する自家製ふりかけ。しけらないように密閉し、冷蔵庫で保存して。

ブロッコリのドリア

白いソースにブロッコリの花を植えたようなドリア。
P27と同じレンジホワイトソースを使います。

材料（3～4人分）

ゆでたブロッコリ	200g
ご飯	400g
ゆで卵	2コ
たまねぎ	1/2コ
チーズ（溶けるタイプ）	50g
レンジホワイトソース（P27参照）	全量
パン粉	適宜
●バター	
E500kcal	T35分

つくり方

1. P27を参照してレンジホワイトソースをつくる。

2. たまねぎは薄切りにして耐熱性の器に入れ、ラップフィルムをかけて電子レンジに3分間かける。ゆで卵は4等分に切る。

3. 耐熱性の器にバターを薄く塗ってご飯を広げ、チーズを散らす。ゆで卵とたまねぎを均等にのせ、ホワイトソースを全体にかける。

4. ブロッコリの茎の部分を埋め込むようにしてところどころにのせ、パン粉をふりかけ、230℃のオーブンで25～30分間焼く。途中、ブロッコリに焼き色がついたら、焦げないようにアルミ箔をかぶせるとよい。

ブロッコリのトマトパスタ

市販のトマトソースは、お気に入りのブランドを一つ見つけておきましょう。
ドライトマトを加えると、味にメリハリがつきますよ。

材料（4人分）

ゆでたブロッコリ	300g
ショートパスタ（ペンネなど）	240g
トマトソース（市販）	400g
サンドライトマト（オリーブ油漬け）*	4コ
にんにく	2かけ
赤とうがらし	2本
●塩・オリーブ油・こしょう	
E340kcal	T15分

*乾燥品のときはヒタヒタのぬるま湯で戻す。乾燥品も手に入らなければ、省いてもよい。

つくり方

1. にんにくはみじん切りにする。赤とうがらしは半分に切って種を取り除く。ドライトマトは粗く刻む。

2. 鍋にたっぷり湯を沸かして塩大さじ1を加え、パスタをゆでる。

3. フライパンにオリーブ油大さじ1・1/2とにんにく、赤とうがらしを入れ、弱火にかける。香りがたったら中火にし、ドライトマトを加えてサッと炒める。

4. トマトソースを加え、煮立ったらブロッコリを加える。堅めにゆで上げたパスタとゆで汁玉じゃくし1杯分を加えてサッと混ぜ合わせ、塩・こしょうで味を調える。

材料（4人分）

ゆでたブロッコリ		250g
鶏むね肉（皮なし）		1枚（220g）
干ししいたけ		3枚
にんにく		1かけ
A	紹興酒（または酒）	小さじ1
	塩	一つまみ
B	オイスターソース	大さじ3〜4
	砂糖	小さじ1/2
	こしょう	少々

●かたくり粉・サラダ油・ごま油

E210kcal　T10分*

*干ししいたけを戻す時間は除く。

つくり方

1. 鶏むね肉は1cm厚さのそぎ切りにして**A**をからめ、かたくり粉を薄くまぶしつける。干ししいたけは水で戻して石づきを取り、4等分のそぎ切りにする。にんにくは薄切りにする。

2. 中華鍋にサラダ油を2cmぐらいの高さまで入れて熱し、**1**の鶏肉をサッとくぐらせる。表面が白くなったら引き上げ、油をきる。

3.2 の鍋の油を大さじ1・1/2ほど残して余分は取り出し、にんにくを炒める。香りがたったら、ブロッコリ、しいたけを順に加えてサッと炒める。

4.2 の鶏肉を戻し入れて炒め、**B**を加えて全体にからめる。ごま油小さじ2を回しかけ、一混ぜしたら火を止め、器に盛る。

ブロッコリの中華風炒め

ビタミン豊富なブロッコリに
干ししいたけと鶏むね肉。栄養バランスも
完ぺきなボリュームおかずです。

こんな野菜もゆでてみて!

column

この本では、活用範囲の広い10の野菜と、お助け素材として役に立つ3つの野菜に絞って
そのゆで方とレシピを紹介しましたが、ゆでておいしい野菜はほかにもあります。ストックしておくメリットがあるかないかの
見きわめどころは、「メニューの展開がきくか」「味の変化が楽しめるか」という2つのポイント。
番外編として私がおすすめするのは、次の3つの野菜です。

じゃがいもやかぼちゃと同様、
食べごたえのある素材です。やさしい甘みがあるので
おやつもいろいろつくれるのがうれしいですね。

(さつまいも)

[ゆで方]
よく洗って皮ごと1.5cm厚さに切り、水からゆでる。
ゆで時間は、沸騰してから約10分間。

[使い方]
- みそ汁の具に
- 小さく切ってご飯やおかゆに混ぜる
- 砂糖としょうゆ、みりんで甘辛煮
- 大学芋風の甘いきんぴらに
- バターでソテーし、メイプルシロップかはちみつをかける
- オレンジジュース、ブラウンシュガー、
マーマーレードをからめてオーブンで焼く

電子レンジでしんなりさせて甘みを
引き出しておくと、カレーやスープのベースになる〝炒めたまねぎ〟が
短時間でできるのでとっても便利。

(たまねぎ)

[ゆで方]
薄切りにして耐熱性の容器に入れ、ラップフィルムをかけて
電子レンジに3分間かける。

[使い方]
- トマトやベーコンと合わせてオムレツに
- 炒めてカレー、シチュー、ハヤシライスのソースベースに
- レンジにんじん(P102参照)といっしょにブイヨンで煮て
ミキサーでつぶし、スープをつくる
- カットわかめなどといっしょにみそ汁に入れる

マヨネーズや生クリームとの
相性は抜群。色みはちょっと地味ですが、
ブロッコリと同じような使い方ができます。

(カリフラワー)

[ゆで方]
花は小房に分け、茎は皮をむいて棒状に切り、
沸騰した湯で約20秒間ゆでる。
水で溶いた小麦粉少々を加えてゆでると白く仕上がる。

[使い方]
- グラタン、ドリアに
- ドレッシングにつけてマリネ、サラダに
- チーズソースをかけて電子レンジで温める
- ブイヨンで煮てミキサーでつぶし、ポタージュスープをつくる

「まずはゆでる!」に向かない野菜は?

野菜は何でもゆでるに限る、とはいえません。生のままで食べたり、ゆでずに直接油に通したりこんがり焼いたほうがおいしいものも、もちろんたくさんあります。また、ゆでて食べるとおいしいものでも、そのあと日もちがしなかったり、使い方が限られてしまうものは、ストックしておいても意味がないので注意してください。たけのこやふきなどは、旬の時期が限られること、ゆでるのがめんどうなことを考え、セレクションからはずしましたが、「まずはゆでる!」に必ずしも向かないというわけではありません。手間をいとわなければいろいろに活用できるものですので、ゆでておくシステムに慣れてきた方は、ぜひ、試してみてください。

ゆでないほうがおいしい、使いやすい
- トマト
- レタス
- きゅうり
- 貝割れ菜
- ねぎ
- にら
- セロリ
- ズッキーニ
- 山芋

ゆでると変色する、傷みやすくなる
- さやいんげん
- 絹さや
- オクラ
- 根みつば
- もやし
- にんにくの芽

ゆでるとアクやにおいが出る
- 春菊
- かぶ
- まいたけ

ゆでても使い回しがあまりきかない
- ピーマン
- なす
- ししとうがらし

あると
ないとは
大違い

3つのわき役野菜たち

にんじん

きのこ

グリーンアスパラガス

電子レンジで

にんじん6分

料理に華と甘みを添えます。

にんじんも、あると便利な「ゆでる」向きの根菜です。きれいなオレンジ色。ほかの野菜にはない独特の甘み。煮込み料理やサラダに入っていたり、お皿にちょっと添えられていたりするだけで、雰囲気がパッと変わります。主役はいろいろ変わっても、料理に華やかさと甘みを添えるお助け野菜として欠かさずストックしておきたい重要なわき役。P97のように、せん切りにしてサッと電子レンジにかけても保存がきき、トッピングなどに使いやすいので、ぜひ参考にしてください。

にんじんをゆでる

1.にんじんは皮をむき、一口大の乱切りにして、耐熱性の容器に重ならないように並べる。
2.にんじん1本分(150〜180g)につき水大さじ3をふりかけ、ラップフィルムか耐熱性の平皿でふたをして、電子レンジに6〜7分間かける。
3.ふたをはずし、すぐに水を全体にからめ、すっかり熱が取れたら密閉容器に入れて保存する。4〜5日間もつ。

鶏肉と野菜の筑前煮風

れんこんや里芋など、
ゆでた根菜があれば何でも加えて。
にんじんが入ると
ぐっとおいしそうでしょう?

材料(4人分)	
レンジにんじん	60g
鶏もも肉(皮なし)	1枚(約150g)
たけのこ(水煮)	1/2本(100g)
生しいたけ	1パック(120g)
A だし	カップ1
A しょうゆ	大さじ2・1/2
A みりん	大さじ1
A 砂糖	小さじ1/2
ねぎ	適宜
●サラダ油・ごま油	
E100kcal　T20分	

つくり方

1.鶏肉は一口大に切る。たけのこは乱切りにする。生しいたけは軸を取り、4等分のそぎ切りにする。ねぎは芯の青い部分を除き、せん切りにして水にさらす。
2.鍋にサラダ油小さじ2を熱し、鶏肉を炒める。火が通ったら、たけのこと生しいたけを加えて炒め、**A**を加えて10分間ほど煮る。
3.にんじんを加え、さらに2〜3分間、煮汁がほとんどなくなるまで煮たら、ごま油小さじ1を回しかけてサッと混ぜる。器に盛り、**1**のねぎをあしらう。

豚肉と野菜のカレー煮

牛乳を加えたカレー煮は
クリームシチューのようにマイルド。
ご飯にもパンにも合います。

材料（4人分）	
レンジにんじん	50g
ゆでたじゃがいも	1コ分
たまねぎ	1コ
マッシュルーム（水煮）	
	1缶（85g）
豚肩ロース肉（またはカレー用）	
	250g
カレールー（市販）	50g
牛乳	カップ1/2
かたくり粉	小さじ1
ローリエ	1枚
カルダモン（あれば）	3粒
●塩・こしょう・サラダ油	
E310kcal	T30分

つくり方

1. たまねぎは食べやすい大きさに切り、マッシュルームは水けをきっておく。豚肉は一口大に切り、塩・こしょう各適宜をまぶす。カルダモンは粗く刻む。

2. 鍋にサラダ油適宜を熱して豚肉を炒め、たまねぎも加えて炒める。しんなりしたら水カップ4を加える。

3. 沸騰したらアクを取り、ローリエ、**1**のカルダモン、マッシュルームを加えて15分間ほど煮る。にんじんとじゃがいもを加えてさらに10分間煮込み、カレールーを加えて溶かす。

4. かたくり粉を牛乳で溶いて加え、とろみがついたら器に盛る。

にんじんのグラッセ

レンジにんじんの要領で、
甘いグラッセもできます。
冷蔵庫で3～4日もつので、つけ合わせに
活用して。

材料（つくりやすい分量）		
にんじん（生）		200g（1・1/2本）
A	バター	大さじ1
A	砂糖	大さじ1
A	塩	小さじ1/4
A	水	カップ2/3
E200kcal（全量）		T7分

つくり方

1. にんじんは皮をむいて7～8mm厚さに切り、耐熱性の器に入れる。

2. **A**を加えてラップフィルムをかけ、電子レンジに6～7分間かける。

> **白身魚のムニエル（4人分）**
>
> 白身魚（さわらなど）4切れに塩・こしょう各少々をふり、小麦粉を薄くはたく。オリーブ油（またはサラダ油）大さじ2をひいたフライパンでにんにくの薄切り1かけ分を炒める。香りがたったらにんにくを取り出して魚を並べ、両面をこんがりと焼く。

電子レンジで

きのこ 4分

香りたっぷりの汁も生かして。

冷蔵庫に入れっぱなしのきのこは、しわしわの情けない姿。キュッと締まった食感やせっかくの香りも台なしです。私のおすすめの保存法は、パックを開けたその日のうちに電子レンジにかけ、出てきた汁ごと容器に入れるというもの。くれぐれも、うまみと香りのしみ出したこの汁を捨てたりしませんように。みそ汁、鍋物、あえもの、パスタ……。きのこそのものといっしょに汁も加えてください。アクの多いきのこは黒い汁が出るので、しいたけ、しめじ、えのきだけなどがおすすめです。

きのこをゆでる

1. きのこは汚れをはらって石づきを取る。しめじは食べやすいように小房に分ける。しいたけは4等分に切り、えのきだけは長さを半分に切ってほぐす。
2. 耐熱性の容器に広げ、きのこ300～350gにつき水大さじ2をふりかける。種類の違うきのこを混ぜても大丈夫。
3. ラップフィルムか耐熱性の平皿でふたをして、電子レンジに4分間かける。ふたを取って冷まし、汁ごと容器に入れて保存する。3～4日間もつ。

きのこのおろしあえ

大根おろしに、のり、
しょうゆ、きのこ。香りの調和を
じっくり楽しんでください。

材料（4人分）	
レンジきのこ	150g
大根	1/5本
もみのり	適宜
●しょうゆ	
E30kcal　T3分	

つくり方

大根はすりおろし、しょうゆ大さじ3・1/2ときのこの汁少々を加えて混ぜる。きのこを混ぜ合わせ、器に盛ってもみのりを散らす。好みですだちやかぼすを絞りかけてもよい。

きのこのマリネ

オレガノやバジルなど
数種のハーブで風味をつけた
市販のイタリアンドレッシングで。

材料（つくりやすい分量）	
レンジきのこ	200g
にんにく	1かけ
イタリアンドレッシング（市販）	カップ1/2
イタリアンパセリ	適宜
E210kcal（全量）	T3分

つくり方

1. にんにくは薄切りにする。

2. 密閉容器にきのことにんにくを入れてドレッシングであえる。器に盛り、あればイタリアンパセリをあしらう。

きのこ汁

長芋や油揚げを入れて具だくさんに仕立てましたが、
きのことみつばだけでも
じゅうぶんおいしいですよ。

材料（4人分）	
レンジきのこ	100g
長芋	70g
油揚げ	1/2枚
だし	カップ3
みそ	50～60g
みつば	適宜
E60kcal　T5分	

つくり方

1. 長芋は皮をむいて3cm長さに切り、縦に薄切りにする。油揚げは横半分に切って5mm幅のせん切りにする。

2. 鍋にだしを入れて火にかけ、煮立ったら**1**ときのこ、きのこの汁少々を加えてサッと煮る。みそを溶き入れて器に注ぎ、ザク切りにしたみつばを散らす。

グリーンアスパラガス 20～40秒

スマート&おしゃれなオードブルに。

アスパラガスほどスタイルのいい野菜って、そうそうないと思いませんか？　パーティーやお酒を楽しむ席に何かオードブルを、と思ったときに活躍するのが、アスパラガス。長いままスティック野菜のように盛りつけても、短く切って並べてもさまになる、おしゃれでスマートな野菜です。コリコリした歯ごたえが身上なので、ゆで加減はとくに重要。春先の太いもので40秒、細いものは20秒前後でゆで上げます。もちろん青菜やブロッコリのように、炒め物やあえものにしてもおいしいですよ。

アスパラガスをゆでる

1.アスパラガスは根元の堅い部分を切り落とし、下半分の皮を薄くむく。
2.なるべく広口の鍋に湯をたっぷり沸かして塩小さじ山盛り1を加え、アスパラガスを入れる。長いまま入らなければ、長さを半分に切って入れる。
3.太いものは40秒間、細いものは20秒間ほどゆでて冷水に取る。切り口に爪がやっと食い込むぐらいの堅さが目安。完全に冷めたら、水けをよくきって密閉容器で保存する。

アスパラガスのオレンジドレッシングがけ

アスパラガスは
長いまま盛りつけるときれい。
ドレッシングのオレンジ色が映える
白い器がおすすめです。

材料（つくりやすい分量）	
ゆでたアスパラガス	1～2ワ分
オレンジドレッシング	適宜
E480kcal（全量）	T3分

つくり方
オレンジドレッシングをつくり、器に並べたアスパラガスにかける。

オレンジドレッシングのつくり方

オレンジジュース（100%天然果汁）		大さじ5
サラダ油		カップ1/2
塩		少々
A	しょうがの絞り汁	小さじ1
A	しょうゆ	小さじ1/2～1
A	酢	大さじ1

小鍋にオレンジジュースを入れ、半分弱ぐらいの量になるまで煮詰め、ボウルに移して冷ます。塩を加え、サラダ油を糸のように細くたらしながら泡立て器でよく混ぜ、なめらかになったら**A**を順に加えて混ぜる。

アスパラガスのディップ添え

ディップさえ準備してあれば、
急なお客様にもすぐお出しできる前菜。
にんじんやセロリのスティックと
盛り合わせても。

材料（つくりやすい分量）

ゆでたアスパラガス	1～2ワ分
ハーブディップ	適宜 ●
くるみみそディップ	適宜 ●
E280kcal	T15分*

＊ハーブディップをねかせる時間は除く。

ハーブディップのつくり方

クリームチーズ	1/2箱（125g）
固形スープの素（チキン）	1/2コ
牛乳（または水）	大さじ3
好みのドライハーブ（パセリ、チャイブ、タイム、バジルなど数種類）	各適宜
塩・こしょう	各少々

クリームチーズは耐熱性のボウルに入れ、電子レンジに数十秒間かけて柔らかくする。固形スープの素をぬるま湯小さじ1で溶かして加え、牛乳を加えてなめらかに練り混ぜる。ドライハーブを加えて塩・こしょうで味を調え、密閉容器に入れて冷蔵庫で一晩ねかせ、ハーブの風味をなじませる。

くるみみそディップのつくり方

	くるみ	40g
A	みそ	100g
A	砂糖	50g
A	水	大さじ2

くるみは天板に広げて220℃のオーブンで約10分間焼き、粗熱が取れたらポリ袋に入れ、めん棒でたたいて砕く。耐熱性のボウルに**A**を入れてよく混ぜ、ラップフィルムをかけずに電子レンジに1分30秒間かける。冷めたらくるみを加えて混ぜる。

つくり方

1.ハーブディップをつくって冷蔵庫でねかせる。
2.くるみみそディップをつくる。
3.アスパラガスを器に盛り、それぞれのディップを添え、好みでつけながら食べる。

アスパラガスのカナッペ

食パン、アスパラガス、マヨネーズ。
ありふれた食材も切り方や飾り方一つで
面白い演出ができますよ。

材料（つくりやすい分量）

ゆでたアスパラガス	6～7本
食パン（サンドイッチ用）	3枚
マヨネーズ・バター（またはマーガリン）	各適宜
E610kcal（全量）	T7分

つくり方

1.食パンはトースターで焼いて耳を切り落とし、4等分に切る。アスパラガスは長さを食パンの大きさに合わせて切り、縦半分に切る。
2.室温で柔らかくしておいたバターを食パンに薄く塗り、アスパラガスを並べて皿にのせる。小さなポリ袋にマヨネーズを入れて角をごく小さく切り落とし、アスパラガスの上に細く絞り出す。

お役立ちソース・ドレッシング・

この本で使ったソース類のなかでも、活躍する機会が多いのがこの11種類。
ほとんどのゆで野菜に合うものばかりなので、
ご紹介した料理のレシピを参考に、材料の野菜をいろいろ変えてつくってみてください。
野菜料理のレパートリーがどんどん広がっていきますよ。

からしじょうゆ

練りがらし	小さじ1/2～1/2強
白みそ	小さじ1
砂糖	小さじ1/2
しょうゆ	大さじ1
だし（または水）	大さじ3

→P18　キャベツと油揚げの
からしじょうゆあえ
P35　菜の花のからしじょうゆあえ

レンジホワイトソース

バター	50g
薄力粉	40g
牛乳	カップ2・1/2
固形スープの素（チキン）	1コ
塩・こしょう	各少々

→P27　ポテトグラタン
P73　白菜とハムのクリーム煮
P98　ブロッコリのドリア

白あえ衣

木綿豆腐	1丁（約330g）
すりごま（白）	大さじ4
練りごま（白）	大さじ3
砂糖	大さじ3
塩	小さじ1/4
だし（または水）	少々

→P36　菜の花の白あえ

チーズソース

チーズ（溶けるタイプ）	100g
ホワイトソース（缶詰め）	1缶（300g）

→P96　ブロッコリのチーズソースがけ

オレンジドレッシング

オレンジジュース（100％天然果汁）	大さじ5
サラダ油	カップ1/2
塩	少々
しょうがの絞り汁	小さじ1
しょうゆ	小さじ1/2～1
酢	大さじ1

→P106　アスパラガスのオレンジドレッシングがけ

柚子みそ

柚子の皮	1コ分
みそ	150g
砂糖	75g
だし（または水）	カップ1/2

→P82　ゆで大根のふろふき風・柚子みそがけ

あえ衣

XO醤ドレッシング

XO醤	小さじ1
みそ	大さじ1
しょうゆ	大さじ1
砂糖	小さじ1
ごま油	小さじ1
水	大さじ3

→P37　小松菜のせ中華風冷ややっこ

ごまあえ衣

すりごま(黒)	40g
練りごま(黒)	大さじ2
砂糖	大さじ3
しょうゆ	大さじ2
だし(または水)	大さじ2

→P37　ほうれんそうのごまあえ

そぼろあん

豚ひき肉	100g
しょうが(みじん切り)	1かけ分
赤とうがらし	1/2本
酒・しょうゆ	各大さじ1
砂糖	大さじ1/2
みそ	小さじ1
水	カップ1/2
サラダ油	大さじ1/2
かたくり粉	小さじ1

→P67　かぼちゃのそぼろあんかけ

かつおふりかけ

削り節	20g
しょうゆ	大さじ1
みりん	大さじ2/3

→P97　ブロッコリの和風サラダ
P60　〝酢ばす〟のかつお節あえ

だしじょうゆ

だし	カップ3/5
しょうゆ	大さじ1
みりん	小さじ1/2

→P37　ほうれんそうのおひたし

ゆで時間早見表

キャベツ

30秒

中心に近い葉ほど
時間を短くする。
保存期間:3〜4日

じゃがいも

10〜12分

冬は8分前後
保存期間:4〜5日

小松菜

15秒

保存期間:3〜4日

ほうれんそう

10秒

保存期間:3〜4日

かぼちゃ
(電子レンジで)

6分

保存期間:3〜5日

白菜

30秒

中心に近い葉ほど
時間を短くする。
保存期間:3〜4日

大根

15〜20分

保存期間:3〜4日

里芋

10〜15分

保存期間:3〜4日

まずはゆでる！

菜の花

25秒

保存期間:3〜4日

チンゲンサイ

10秒

保存期間:3〜4日

ごぼう
（電子レンジで）

4分

保存期間:5〜6日

れんこん

5分

保存期間:3〜5日

ブロッコリ

20秒

保存期間:4〜5日

にんじん
（電子レンジで）

6分

保存期間:4〜5日

きのこ
（電子レンジで）

4分

保存期間:3〜4日

アスパラガス

20〜40秒

保存期間:3〜4日

城川 朝

Asa Shirokawa

しろかわ・あさ
外資系航空会社にスチュワーデスとして勤務後、ニューヨーク、ロサンゼルスなど、トータルで10年以上のアメリカ生活を送る。その間に通ったクッキングスクールで本格的に料理やお菓子の技術を学び、現地で講師としても教壇に立つ。帰国後、1990年から東京・西荻窪で料理、菓子教室を主宰。日常の生活の中で身につけた合理的でスマートなアメリカンスタイルの料理が注目を浴び、現在はNHK『きょうの料理』、雑誌などで幅広く活躍中。夫、2人の娘、愛犬J（ジェイ）の4人+1匹家族。多忙な家族の食生活を支えてきた「ゆで野菜活用レシピ」を一冊にまとめたものが本書である。著書に『いつでもマフィン』『おもてなしはデリ風ごはん』（文化出版局）『アメリカンホームメードスイーツ』（柴田書店）など。

Staffs

撮影
野口健志

スタイリング
西村千寿

校正
岩田陽子
栄養計算
宗像伸子

編集
奈良結子
山下聖子（NHK出版）

アートディレクション・デザイン
佐藤芳孝

料理制作助手
ミセズ シロカワズ
クッキングスタジオ
編集協力
日根野晶子

もっと野菜が食べたいから

まずはゆでる！

2002（平成14）年3月20日　第1刷発行

著者　城川　朝

発行者　松尾　武
発行所　日本放送出版協会
〒150-8081　東京都渋谷区宇田川町41-1
電話　03-3780-3311（編集）
03-3780-3339（販売）
http://www.nhk-book.co.jp
振替　00110-1-49701
印刷　廣済堂
製本　秀和

ISBN4-14-033177-1　C2077
Printed in Japan
乱丁・落丁本はお取り替えいたします。
定価はカバーに表示してあります。